LE PLUS BEAU CADEAU QU'IL M'AIT FAIT

ISBN : 978285090-575-9

Carole Vaquette

LE PLUS BEAU CADEAU QU'IL M'AIT FAIT

Éditions Bussière

Editions Bussière
34 rue Saint Jacques
75 005 PARIS

Il est très rare de tomber sur son âme jumelle. C'est comme trouver une aiguille dans une botte de foin. Facilement, on rencontre des âmes sœurs, ce qui est déjà une belle chose, mais la rencontre avec l'âme jumelle est encore plus décoiffante ! J'ai découvert ce concept avec Theresa, une Américaine très hippie « New Age* » rencontrée à Hawaii. Theresa m'a présenté cette théorie, elle a mis des mots sur un fait extraordinaire que je ressentais sans pouvoir l'expliquer. Alors voilà, il paraîtrait que nous avons plusieurs Âmes sœurs, des âmes qui appartiennent à un même groupe d'âmes. Ce peut être juste un ami, un conjoint, un parent, un cousin… On les rencontre pour évoluer, pour faire un bout de route ensemble plus ou moins long ou partager toute une vie même. Une reconnaissance immédiate de l'énergie de l'âme qui est dans ce corps, une connexion rapide, des affinités, mais aussi des différences. Une bonne complicité.

En revanche, une âme jumelle c'est unique, on n'en a qu'une seule, c'est dit, inutile de détailler. On le sait quand c'est l'âme jumelle en face de nous. Les âmes jumelles se complètent et ne font qu'Unes ! Au moment où une âme jumelle rencontre l'autre, il y a également une reconnaissance et une sensation de familiarité. La rencontre allume une étincelle dans leurs cœurs, une étincelle de joie et d'extase ; les émotions ressenties sont plus intenses que chez les âmes sœurs. Les âmes jumelles ne sont pas juste amoureuses.

Les âmes jumelles ne peuvent vivre l'une sans l'autre et ressentent une impression de vide, de manque, lors d'une séparation. Elles ont une compréhension totale l'une de l'autre, un amour inconditionnel. En principe, les âmes jumelles se reconnaissent, et elles sont attirées, poussées l'une vers l'autre. Il y a toujours un lien tangible, très fort, indestructible. Elles peuvent avoir l'impression de s'être toujours connues, alors qu'elles ne se sont rencontrées que depuis peu (sur le plan terrestre), elles n'ont pas besoin de se parler, ou finissent les phrases l'une de l'autre, les âmes jumelles ont une connexion très forte dans la vie, et même au-delà.

> *« Le New-Age est un courant spirituel occidental des XXe et XXIe siècles, caractérisé par une approche individuelle et éclectique de la spiritualité. »*
>
> *Wikipedia*

Le 17 janvier 2011

Jamais je n'aurais pensé avoir une conversation avec un mort à propos de son décès en plus !

Quatre mois après ton départ déjà ! Me voilà encore à rêver de toi. Nous sommes ensemble dans notre lit. Je sais que tu es décédé. Consciente de la situation. Indicateur clair qu'il s'agit d'une communication réelle entre nous deux, tu me dis que tu aurais aimé faire une autopsie sur ton corps, tu penses que ce n'est pas normal que tu sois mort de cette façon. Tu soupçonnes un problème au cœur.

Dans ce rêve, je réagis à cela :

Tu ne penses pas simplement que ta mort ait simplement été due au fait d'avoir physiquement forcé ?

Tu me réponds :

Si sûrement, mais j'avais un problème au cœur en plus, ce n'est pas normal à mon âge. J'ai demandé à un docteur là-haut si l'autopsie était encore possible quatre mois après ma mort, et elle m'a dit que si. Moi, je serais encore prêt à faire une autopsie aujourd'hui !

Écœurée, choquée, je te réponds :

Tu es fou, quatre mois après ! Ton corps... c'est dégueulasse, non... Démonter la pierre tombale, t'es complètement malade !

Je m'en fous, ce n'est pas dur de démonter la tombe, j'ai été déçu d'entendre de là-haut que vous ne feriez pas d'autopsie. J'aurais aimé savoir, connaître le problème qui a causé ma mort.

Toujours dans ce rêve, si vrai, si proche de la réalité, je te réponds cela sur le ton du reproche :

Je voulais faire procéder à une autopsie juste après ta mort, mais ça a été annulé, car ce n'était pas la volonté de tout le monde. Tu as tout vu ? Tu as aussi vu le nombre de trucs chiants que je me suis coltinés à même pas 27 ans ? Interrogatoire, pompes funèbres, préparation d'une messe d'enterrement, choix d'une autopsie... J'avais l'intuition, pour l'autopsie, que cela ne te gênerait pas qu'ils ouvrent et charcutent ton corps pour savoir.

Tout a commencé en 2010. J'avais 26 ans.

D'abord au Printemps, mon chat est mort, enfin, ma chatte, Lucette, de la leucose féline, le sida du chat. Tiens donc, même les chats ont le sida ! On n'a pas encore inventé les capotes pour chats !

Puis, ce furent mes juments, à trois semaines d'intervalle ! Le poulain en premier, sa mère le lendemain. Si rapide et si mesquin à la fois. Elles ont chopé la myopathie atypique équine et sont mortes par atrophie des muscles, à cause d'un champignon microscopique présent dans l'herbe du pâturage ce printemps 2010.

Pour relativiser, je me suis dit : « Heureusement, je n'ai perdu que mes animaux ! Raisonne-toi Carole, comment donc font ceux qui perdent un proche ? L'amour de ma vie est avec moi, c'est l'principal » !

Comme ce n'était encore assez trash, celui qui gère là haut, celui qu'on appelle Dieu, a fait crever mon mec aussi !

Voilà ! Primo, l'échauffement : je me suis habituée à la mort avec mes animaux, j'ai été brutalement confrontée à cela, moi qui n'avais jamais vu de choses pénibles dans ma vie. Et crescendo, en douceur, étapes par étapes, cinq mois après les animaux, le bouquet final : mon mec, mon copain, ma moitié qui décède lui aussi !

Voilà, c'est à ce moment-là que j'ai compris la vie, la vraie.

J'avais toujours pensé que le perdre serait insurmontable.

J'ai toujours craint la mort.

Chapitre 1

AVANT LE TSUNAMI

« Il y a un instinct dans le cœur de l'homme qui le fait s'effrayer d'un bonheur sans nuage. Il lui semble qu'il doit au malheur la dîme de sa vie, et que ce qu'il ne paye pas porte intérêt, s'amasse, et grossit énormément une dette qu'il lui faudra acquitter tôt ou tard. »

Les guêpes - Alphonse Karr

1 - Il était une fois...

Ma première vie a commencé en 1983 avec ma naissance physique, la deuxième en 2003 avec ma renaissance, la troisième en 2013 avec ma résurrection !

La chose qui me tenait debout c'était Lui !

C'est à 20 ans que j'ai rencontré Aurélien, un charmant jeune homme de 22 ans, lors d'une soirée chez des amis (Célia, copine de collège, qui est en couple avec Thierry, un ami d'Aurélien). Je me suis rendue à cette soirée sans grande motivation et je ne comptais certainement pas y rencontrer un mec. Mon ex venait tout juste de me larguer deux mois avant et j'avais pris la ferme décision de rester seule un bon bout de temps !

En moins d'une heure, j'ai pourtant compris que c'était Lui. Une complicité s'est installée comme si l'on s'était toujours connus, comme si l'on se retrouvait après 200 ans de séparation. Nul besoin de parler pour nous comprendre.

Durant cette soirée, nous avons oublié les autres. Plus rien n'existait : nous parlions à deux, mangions dans la même assiette (détail important lorsqu'on sait que nous ne nous connaissions que depuis quelques heures), nous nous amusions chacun à fourrer du riz dans la bouche de l'autre, puis de la mayonnaise... Enfin, de vrais enfants, de vraies retrouvailles ! Nous avons aussi partagé le même matelas, mais attention ! Ni lui, ni moi n'étions des personnes « faciles » et rien de physique ne s'est produit, c'est pour moi très important de le préciser). Le physique est passé bien après nos ÂMES, chose rare en 2003. Alors esprits d'obsédés, s'abstenir ! Nous nous étions installés dans la salle à manger, après cette soirée où d'autres personnes étaient restées dormir, et il m'a empêché de prendre un somnifère. J'en prenais encore de temps en temps dans les périodes d'angoisse. Un laideron d'ex petit-copain m'avait larguée pour l'une de nos amies, et me faire plaquer par un type que je n'aimais pas et qui en plus était moche et gros m'avait fait perdre toute confiance en moi. Ça fait mal à vingt ans ! Aurélien m'a donc dissuadée d'avaler ce comprimé et je n'en pris plus jusqu'à ce que lui aussi ne me quitte à son tour.

Nous avons parlé toute la nuit. Les heures étaient des minutes, un clocher d'église sonnait régulièrement, et chaque fois nous étions étonnés de voir qu'une nouvelle heure venait de s'écouler, qui était passée comme un éclair. Ce clocher d'église n'était qu'un bruit sourd au loin, et rien n'avait aucune signification pour nous. Le temps s'était arrêté, je sais ce que cela veut dire maintenant ! Plus de temps, plus d'espace ! L'un comme l'autre étions stupéfait de vivre cela, c'était la première fois !

Nous nous sommes raconté nos vies, nos passés, avons refait le monde et nos visions du monde étaient les mêmes : voyager, rire, manger, vivre et ne jamais se séparer, jamais… On a compris que l'on s'était enfin trouvés, deux âmes vraiment accomplies l'une avec l'autre ! Le bonheur, c'était lui ! Une aisance, un bien-être naturel s'étaient installés très vite entre lui et moi. Tout était si logique, si facile, comme écrit. Après cette soirée, nous nous sommes recontactés, et lorsque nous sommes revus juste tous les deux, le temps est passé plus vite encore ! Très vite, j'ai remercié intérieurement mon ex-laideron de m'avoir quittée.

Au passage, petit aparté : je crois profondément en la théorie du Banquet de Platon, Discours d'Aristophane *(l'étude de ce texte m'avait marquée).*

Je m'explique : dans cette théorie sur la nature de l'être humain, Platon prétend qu'à la base, à la création, nous sommes un être rond formé par un être masculin et un être féminin. Une tête unique, deux sexes, des androgynes, la synthèse des deux autres, un genre de BI-être. Un jour qu'il voulait s'en prendre aux dieux, Zeus décida de les séparer d'un coup de baguette magique et les coupa en deux… Chaque morceau regrettant sa moitié, ils se retrouvaient, s'enlaçaient, et ne se quittaient jamais… Les deux êtres n'en firent plus qu'un de nouveau !

Ça, c'était nous ! Sincèrement, je l'ai toujours ressenti comme cela et je pense que si cet extrait du Banquet de Platon est toujours resté dans un coin de ma mémoire, c'est pour une bonne raison. Je suppose que peu d'étudiants auront retenu cette étude de texte au profit d'autres références. Il s'avère que c'est l'un des seuls textes qui m'a marquée. Tout arrive pour une bonne raison, j'en ai la profonde conviction. Pas de hasard pour les petites choses, comme pour les grandes, tout ce qui nous arrive, ce que l'on vit, les personnes que l'on rencontre, les livres qui tombent entre les mains, les films que l'on voit ou que l'on ne voit pas, les lieux que l'on visite, les expériences vécues… absolument tout arrive pour une raison ! Même les textes de littérature.

Aurélien rayonnait tout le temps. Il était toujours souriant, heureux, dans l'instant présent. C'était une sorte de sage qui s'énervait rarement et qui me faisait grandir encore. Toujours philosophe et distant avec les situations de la vie, c'était un mec apaisant. Néanmoins, il savait aussi avoir un esprit critique, loin d'être un « Bisounours », il savait détecter les personnes à éviter, car négatives, dire franchement les choses aux personnes irrespectueuses, ou nuisibles à son bien-être ou au mien. Il ne souciait pas du regard des autres, c'était sa force. Il disposait d'une grande intelligence du cœur, du mental, de l'âme, de l'esprit, une intelligence globale. Il savait aussi s'amuser, délirer, s'éclater, rire de beaucoup de choses. Lorsque je dis « sage », cela paraît austère, or, il ne se prenait pas au sérieux du tout ! Son recul sur la Vie était même surprenant pour son âge.

Son sourire, son regard, sa voix, ses blagues, son humour décalé, sa mentalité, sa conception de la vie, du monde... J'adorais tout chez lui, tout. Rien, jamais rien, qu'il ait fait ou dit, ne m'a jamais gêné ou déplu, tout me plaisait chez Aurélien.

Nous avons très vite vécu ensemble, enfin, j'ai très vite squatté son studio à Amiens, où nous faisions nos études. Vingt mètres carrés nous suffisaient pour être heureux. Nous vivions sur un nuage : une insouciance, une fusion, une union ! C'était avec lui que je me sentais être entière, à 100 % épanouie !

Une fois les études finies, lui aussi a fait le choix de devenir professeur en lycée, il enseignait l'informatique et n'adorait pas non plus ce métier. Cela lui convenait, lui plaisait, disons, mais il ne se sentait pas de vocation pour ce métier. Il le faisait tel un acteur qui joue sa pièce de théâtre et rentre ensuite à la maison. S'il ne se souciait pas de son travail, il le faisait consciencieusement. Mais l'important pour lui, c'était NOUS. Rien ne pouvait atteindre cela, ni affecter ce bonheur. Pour moi, il était plus dur de ne pas laisser empiéter le travail sur ma vie privée. J'étais professeur des écoles, « maîtresse d'école » pour parler simplement. J'ai très vite détesté cela.

Il était très dur de nous séparer une journée pour aller travailler, nous nous téléphonions deux fois par jour sans pour autant nous sentir étouffés comme certains couples qui s'imposent cela. Non, pour nous, c'était tout le contraire : on manquait d'air l'un sans l'autre ! Des tonnes de SMS, de mails, d'appels, pour se raconter nos journées en temps réel, pour se dire que l'on se manquait, pour partager nos moments de vie séparés.

Nous nous sommes d'ailleurs « Pacsés » en 2006, soit trois ans après notre rencontre, afin de bénéficier d'un « rapprochement de conjoint ». Nous en avions assez de travailler si loin l'un de l'autre et de perdre autant de temps sur la route. Le temps ensemble était tellement précieux !

Même lorsqu'il s'agissait de pratiquer un loisir, par exemple s'il devait aller jouer au foot ou au squash avec des copains, ou que je voulais passer une après-midi avec des amies, cela nous paraissait interminable de ne pas nous voir, ne pas nous parler. Nous étions UN, tout en étant différents et complémentaires. Je faisais du cheval tous les weekends depuis l'âge de 7 ans. Lorsque j'ai connu Aurélien, rien, rien, rien ne compta plus, à part Être AVEC LUI, comme si j'avais pressenti que cela allait être trop court… Aucun de nous n'empêchait l'autre de vivre sa vie, non, et pourtant, nous étions toujours collés l'un à l'autre. C'était si naturel, ça allait tellement de soi ! Les moments où nous nous sentions le mieux dans la vie, étaient ceux où nous étions ensemble. C'était tout, nous avions besoin d'être ensemble, juste être enseeeemble ! Aurélien s'est mis à l'équitation, car il avait toujours aimé ce sport, et cela nous a permis de pratiquer un loisir ensemble. Quel bonheur ce fut de ne pas avoir à le quitter même pour aller faire du cheval !

Ceci ne m'était jamais arrivé, mais comme nous le disions, cela n'arrive pas tous les jours de trouver son âme sœur. Des gens passent des vies et des vies sans jamais se trouver ! Nous nous étions enfin trouvés et il n'était pas question de perdre du temps, séparés l'un de l'autre. Parler était notre passe-temps favori. Nul besoin de faire grand-chose d'autre, être tous deux nous suffisait et le temps passait trop vite ! De vrais gosses quand j'y repense ! On comptait les jours sans se voir ! Que c'était long les séparations ! Nous n'avions pas besoin de distractions et quand nous étions à deux, la télévision était rarement allumée ; il suffisait qu'on s'installe dans le canapé et c'était parti pour des heures de discussions.

Rire, parler, refaire le monde **ensemble,** critiquer le monde **ensemble**, apprécier la vie **ensemble**, aller au restaurant **ensemble**, cuisiner **ensemble**, choisir un voyage **ensemble...**

Nous étions bizarrement presque toujours du même avis, donc aucun de nous deux ne se forçait pour s'adapter à l'avis de l'autre ou lui faire plaisir. Tout coulait de source. Mêmes goûts, mêmes opinions, mêmes avis, même conception de la vie. Si un jour nous n'étions pas d'accord, ce n'était pas pour autant un sujet de dispute, mais de débat. Jamais nous ne nous faisions la tête, jamais nous n'étions fâchés.

Les personnes de mon entourage, parents, cousines, grands-parents, sœur... s'accordent à dire que j'ai un « sale caractère ». Ce qui est, pour eux, un point négatif était pour Aurélien une raison de plus de m'aimer. Il appréciait que je ne puisse garder en moi les choses qui me touchent, que je pense pouvoir changer le monde avec ma grande gueule de rebelle, que je sois incapable de plaindre passivement une personne malheureuse, mais que je tente plutôt de remuer celle-ci. Il disait souvent qu'il ne pourrait pas être avec une fille toute douce, tout en retenue, qui boit du jus de papaye, et prend soin de ses ongles, qui ne sait pas dire merde quand il le faut. Il aimait mon humour qui choque, mon naturel parfois gênant... Il aimait tout ce qui, pour d'autres, tient du sale caractère. Il aimait ma sincérité et quand je mettais « les pieds dans le plat ». Ce qui pour autrui passerait pour un manque de tact lui semblait charmant ! Lorsqu'on est une fille un peu rebelle, c'est comme ça qu'on nous définit. Il savait que j'avais un gros cœur, mais que je n'étais pas diplomate pour deux sous. Un mec qui ouvre sa bouche, ça passe toujours mieux, mais une fille, une femme, c'est autre chose ! Eh oui, l'égalité des sexes, ce sera pour plus tard ! Je précise au passage que je suis assez féministe ; comme ça, c'est dit !

Quand on voyait les autres couples, on comprenait que ce que nous, nous vivions, était exceptionnel, et que les autres ne vivaient pas cela. On le voyait dans leurs yeux. On adorait faire ce qu'on appelait un « débriefing », un bilan critique (critiques positives ou négatives) de ce que l'on voyait, de ceux qui nous entouraient, et finissions souvent par nous demander : « tu crois qu'ils s'aiment vraiment ? »

En fin de compte, j'avoue, sans aucune prétention, que nous n'avions jamais vu un couple qui s'aimait autant que nous. Bien sûr, vous pourrez me dire que nous ne pouvions pas savoir ce qu'ils ressentaient à part eux. Nous n'étions pas qualifiés pour quantifier l'amour ressenti dans les couples. Mais quand ils se regardaient, on avait parfois des pressentiments, comme l'intuition qu'après 10 ans au plus tard, ils se sépareraient. Chez certains, nous percevions le dégoût, la lassitude, la honte, l'ennui, la supériorité, l'infériorité, le désintérêt complet, la dévalorisation, les manipulations… Tout cela se voyait dans leurs yeux. Et se voit encore d'ailleurs ; dans certains cas, la séparation s'était déjà produite.

Nous, nous n'avions l'un pour l'autre que des regards pleins de joie, de compréhension, de fascination… Les deux doigts de la main ! On rigolait tout le temps à deux de nos blagues bien « grasses », on se regardait, on s'aimait, on mangeait, on s'aimait, on montait à cheval on s'aimait, je peux assurer que cela était infaisable de nous séparer pour une journée sans une raison majeure.

On ne comprenait pas les propos que tenaient certains des couples qui nous entouraient et selon lesquels : « Faut pas toujours être ensemble, après un moment on se lasse, on n'apprécie plus d'être ensemble » ; ou bien « une journée entre copains/copines, ça fait du bien, on respire ! », ou encore « il y a des hauts il y a des bas, dans un couple, c'est normal, ça ne peut pas rester toujours comme au premier jour », ou « c'est normal de se poser des questions sur les sentiments que l'on ressent… »… On n'a jamais compris non plus ce type de remarque : « un couple qui ne se dispute pas, ce n'est pas normal ! ». Bien sûr, ça m'est arrivé… mais jamais avec Aurélien ! D'ailleurs à l'époque de mon autre petit ami, quelque chose m'a toujours chuchoté à l'oreille « Ne t'inquiète pas si ce n'est pas celui-ci le bon, autre chose t'attend, quelque chose de fort, de très fort… ». Je savais bien que l'Amour c'était un truc de dingue, un truc qui allait m'arriver un jour, un truc qui décoiffe. Une fois avec Aurélien, j'ai su que les autres se trompaient et qu'ils étaient sans le savoir, dans la situation que j'avais connue avant lui… Tout comme lui, qui savait aussi que ce qu'il avait connu avant n'était pas l'Amour véritable, et qu'un jour il rencontrerait La Personne qui allait faire battre son cœur « à fond les gamelles » comme il le disait ! Attention à ce que le p'tit cœur ne batte pas trop vite non plus…

Avec Aurélien, nous nous sommes dit que même si nous nous étions rencontrés alors que chacun avait été marié avec quatre enfants, nous aurions tout plaqué l'un pour l'autre. Initialement, il nous était difficile de comprendre ces couples qui trompent leur conjoint. Après notre rencontre, nous avons vite compris que nous aurions pu tout plaquer l'un pour l'autre quelle que soit notre situation et tromper nos anciens partenaires sans morale ni raison.

Ma cousine, Céline, qui est une fille franche et sincère, nous avait confié qu'à force de constater les trahisons des uns et des autres, elle ne croyait plus en l'amour et que seul notre couple la réconciliait avec l'idée que l'amour véritable existait peut-être quand même.

Les hauts les bas, on ne connaissait guère. Jamais, jamais, jamais, je ne me suis demandé si je finirais ma vie avec Aurélien, tant c'était évident ! Je ne me suis jamais posé la question de la sincérité de mes sentiments ou des siens : je savais. Ma confiance était totale. Nul doute, nulle jalousie. Mes sentiments et les siens étaient purs et profonds. Je ne sais même pas si j'explique fidèlement ce que j'ai pu ressentir pour lui, car cela va au-delà des mots, au-delà des concepts ! Au-delà, tout court !

Je suis consciente que ce que j'ai vécu avec Lui, tout le monde ne le vit pas. C'est un cadeau d'avoir eu cette chance de se trouver sur cette immense planète.

J'ai toujours douté de tout dans la vie, sauf de cela, il était l'unique « âme jumelle » que j'avais sur Terre. Et il l'est toujours !

Cette relation avec Aurélien, cet amour, ce « ressourcement », cet oxygène était ma raison d'être heureuse ; cependant, je ne sais comment l'expliquer, une anxiété permanente, une insatisfaction, un refus de la vie normée et systématique étaient toujours en moi ; au point de me rendre la vie difficilement supportable. Je le répète, mon unique source de motivation et de bonheur résidait en Lui !

À la période où je rencontrais Aurélien, j'avais déjà eu quelques contacts avec l'autre monde, comme en décembre 2003 :

Un flash entre sommeil et éveil me surprend. J'ai la vision de mon grand-père en train de mourir dans un hôpital, d'un lit, d'une chambre assez sobre… Il mourut quatre mois plus tard. Ma sœur eut le même type de rêve quelques jours plus tôt. C'est en discutant toutes deux, que nous avons réalisé la similarité de nos rêves. Après le décès de mon grand-père, de nombreux rêves m'ont donné des informations nouvelles sur sa mort, il me disait : « je te vois ma p'tite poule, je suis toujours là ! J'ai eu une crise de spasmophilie, je n'ai rien senti, je suis parti sans rien sentir… (spasmophilie, je ne savais même pas ce que c'était : je n'avais que 20 ans !). Quand tu iras chez ta grand-mère, observe bien le néon de sa cuisine, il clignotera, tu verras ! C'est moi qui fais ça ! » Il me dit aussi :

« Je te vois tous les jours, spécialement quand tu prends mon tracteur-tondeuse et que tu tonds chez ta grand-mère… »

Me rendant chez ma grand-mère quelques jours plus tard, je vis en effet le néon de sa cuisine clignoter sans cesse, au point que ç'en était fatigant pour les yeux ! Mon grand-père était là !

Ce rêve venait sûrement me préparer à affronter le Tsunami de ma petite vie.

2 - VDM*

*(*Vie De Merde)*

Année 2005

Professeur des écoles à 22 ans ! Waouh ! Quelle réussite ! Ça s'est fait, j'ai tout obtenu du premier coup, j'attendais cela depuis si longtemps ! Avoir une situation professionnelle pour être accomplie ! On m'aurait encore menti ? Tout le monde prétend que lorsque tu es maîtresse d'école, tu as des vacances, un bon salaire, un métier facile pour lequel tu ne travailles que six heures par jour, la sécurité de l'emploi (j'adore cette expression ! sécurité ou emprisonnement ?)… Et tout cela est bien réel ! Et pourtant je suis moins heureuse ! Je souffre de sinusites à répétitions, j'ai même des nodules sur les cordes vocales, des bronchites, du stress qui m'empêche de dormir. Mais je me dis que c'est normal, que ça va passer, c'est le début… Mais voilà, trois ans plus tard c'est toujours pareil ! Je déteste ce métier au point qu'il me rend malade physiquement, alors je finis par penser que personne n'aime son métier, mais que de toute façon il faut aller travailler pour gagner de l'argent. Je ne suis pas censée aimer, personne n'aime travailler… Allez ! Force-toi Carole, c'est normal !

Un jour, un médecin m'a dit : *« vous êtes anticonformiste, Mademoiselle, vous refusez de vous conformer »*. OK ! Ça m'a aidée ! En gros, je ne suis qu'une rebelle en crise d'adolescence. Ça m'a permis d'essayer de me soumettre. Mais ce docteur ne pouvait pas me dire ce que j'avais à faire. C'était comme s'il n'était pas envisageable de ne pas être conforme aux attentes de la société. Personne ne m'a jamais dit que si, cela pouvait arriver d'être comme ça et qu'on avait tout de même sa place aussi quelque part, même un peu à l'écart, et qu'on n'en est pas pour autant un « clochard ». Voilà ce que je me disais chaque matin. Je me répétais intérieurement : *« force-toi, c'est normal de ne pas aimer travailler ! Tous ceux que tu croises sur la route le matin sont comme toi, des robots, guère heureux d'aller travailler. Tes collègues ressentent la même chose, allez Carole ! Ce n'est pas comme si tu étais au Viet Nam à casser des cailloux (j'ai vu ça au Viet Nam) ou en Thaïlande à être contrainte à te prostituer… Alors tout va bien, tu vois ! Ta vie est formidable ! »*

Et le lendemain, il fallait que je me convainque encore et encore que ma vie était belle, car normale.

Au fond, j'avais l'impression d'avoir une Vie de robot. Je me sentais en détresse, engloutie par un mélange de surmenage et de mal-être. Dominée, résignée à vivre en mode « pilote automatique ». J'avais les nerfs à l'envers, un énorme ras-le-bol, une folle envie de casser les barrières, de briser mes chaines d'esclave ! Une aberration ! ! Je me disais que non ! Je ne passerai pas « *une vie entière à rêver de soleil, à regarder par la fenêtre*[1] », à perdre mon âme dans le travail, dans l'angoisse, le stress, parfaitement programmée pour toute une vie ! NON ! Je ne le pourrais pas ! Voilà ce que je me disais tous les jours. Je me sentais emprisonnée dans un schéma, **« sclérosée par des milliers d'questions »**, à rêver une autre vie **AVEC LUI BIEN SÛR.** Je rêvais de soleil, de liberté, de temps libre, de vie sans contraintes, une utopie pour certains qui croient en ce système qui leur pourrit aussi la vie, une réalité possible pour moi. Aurélien me disait souvent qu'il me sentait perdre ma joie d'étudiante insouciante. Il aurait aimé me revoir heureuse à 100 % comme les premières années où on était étudiants (poils aux dents), ou rien n'était défini, figé, où tout pouvait changer...

Contrairement à mes collègues, je ne restais jamais dans ma classe jusqu'à six heures du soir à tout préparer pour le jour suivant. Ma vie privée comptait plus que tout, car c'était ma seule motivation pour rester « en place, en mode conditionnée ». Tout ça pour dire que le soir, à 16h30, je traçais ma route à la vitesse de la lumière pour le rejoindre, tout en parlant au téléphone avec lui, dès que je me mettais au volant afin de ne pas perdre une minute ensemble.

Lui aimait son métier, mais le pratiquait avec beaucoup de distance même s'il était moins exigeant que moi dans la vie. Heureux ici et maintenant, dans le moment présent. Il n'avait pas eu une enfance

---

1 ***Keny Arkahna, rapeuse Française***

« petite maison dans la prairie ». Il avait reçu beaucoup d'amour, mais ne se faisait pas d'illusions sur la vie, sa maman ayant perdu beaucoup de proches et en ayant infiniment souffert. Son Papa aussi avait souffert et ils ne s'en cachaient pas, eux ! Aurélien avait compris ce qu'était la vie assez tôt, donc il l'appréciait… Tout petit, ses parents disaient de lui qu'il était leur rayon de soleil. Il est arrivé pour illuminer leurs vies, ainsi que celles des ses cinq grands frères et sœurs.

Relativiser était sa clé pour accepter et apprécier ce que l'on a.

Bien sûr je n'étais pas en Somalie à crever de faim, mais je subissais chaque journée, regardais ma montre toutes les deux minutes, me répétant encore que « la vie c'est pas ça ». Je n'avais enseigné que 2 ou 3 ans et n'en pouvais déjà plus !

Tous les jours, je sentais que j'allais craquer. Dans la voiture quand j'entendais à la radio « Sexion d'assaut », grande référence culturelle du rap français (je rigole, mais au moins ils écrivent avec leur cœur, c'est du vécu !) c'était simple, c'était clair et ça résonnait en moi :

« *Papa maman, les gars, désolé, j'ressens comme une envie d'm'isoler,*

Tous les jours je pense à arrêter, […] je vais tout plaquer, je ne suis qu'un homme, je vais finir par **clamser**

J'vais m'barrer, Paris c'est **Alcatraz** (pour ma part : "ma classe c'est Alcatraz !" pensais-je en écoutant)

Moi aussi les frères, j'vais m'barrer,

Ces tas de paperasses […]

Désolé Monsieur le Banquier, mais si je m'arrache vous n'allez pas me manquer […]

J'ai préféré partir et m'isoler, Maman, je suis désolé.»

Oui, **je me sentais désolée** de ne pas aimer cette vie et d'avoir envie de me barrer, de ne pas correspondre à ce que mes parents auraient tant aimé avoir : une fille instit qui a une belle maison juste à côté de chez eux. Oui, je me sentais navrée aussi pour tous ces gens qui crèvent de faim dans les pays en développement, pour tous ceux qui sont au chômage en Occident, pour tous ceux qui font la manche dans la rue et vont aux Restos du Cœur, désolée aussi pour les putes de Bangkok, mais merde ! Je n'étais pas purement heureuse ! « Désolée, je n'y parviens pas, j'étouffe ! »

Je disais souvent à Aurélien que je ne pensais qu'à me barrer loin sur une île avec lui, qu'on louerait cette maison, qu'elle se paierait grâce à des locataires (et fuck le banquier !) et que nous vivrions d'amour et de noix de coco à la Robinson ! Besoin de respirer, besoin de liberté.

Le souvenir d'une soirée passée avec Aurélien est revenu à la surface de ma mémoire aujourd'hui, ce 8 septembre 2013, jour de la 9ème course du marathon d'Albert (France, Picardie). Rien à voir avec ce qui va suivre, mais vous comprendrez plus tard pourquoi je mentionne le Marathon ! :)

En écoutant mon neveu de 8 ans jouer de la batterie (ce petit prodige en percussions répétait sur des morceaux de Charlie Winston), voilà ce qui vient de ressurgir de ma mémoire :

C'était un soir de février 2009, nous avions prévu de partir en Guadeloupe pour deux semaines pendant les vacances d'hiver. Malheureusement, des grèves à répétition (dues à des problèmes sociaux-économiques dans les Antilles Françaises) nous ont contraints à décaler nos vacances à avril, juste 2 mois plus tard. J'attendais ces vacances avec Im-pa-tience. Elles me faisaient me lever le matin, elles me faisaient appréhender l'hiver en PICARDIE avec un peu plus de sérénité. Ces foutues grèves où l'ambiance en Guadeloupe aurait été dangereuse… nous ont contraints à changer notre vol, nos vacances !

Un soir, de retour à la maison, alors que nous suivions les informations, et avons compris que nos vacances en Guadeloupe n'auraient finalement pas lieu deux semaines après, comme c'était prévu, mais seulement deux mois plus tard. Mon moral était au plus bas ! Oh My God ! Trop c'est trop ! Je tournais déjà en rond dans cette vie routinière, tout ce à quoi j'aspirais, c'était à des vacances avec Lui, et voilà que ça tombait à l'eau ! Aurélien, plus philosophe, pensait que cela arrivait probablement pour une raison précise et ne luttait pas contre le destin. Pour lui, nous évitions peut-être une catastrophe. Aux infos, nous avions vu qu'un meurtre avait eu lieu dans les rues de Pointe-à-Pitre. Nous n'avions rien de grave et n'étions donc pas les personnes à plaindre, nous irions en avril, et puis voilà ! Sa réponse à un changement de programme était souvent que l'on évitait sûrement un mauvais plan ou une mauvaise expérience, voire une catastrophe ! Charlie Winston était en fond musical dans notre joli salon beige, dont la baie vitrée offrait une vue sur nos chevaux… J'étais tellement déprimée, que nous avons bu un apéritif, un porto. Enfin, Aurélien est resté raisonnable. Morose, j'ai décidé de finir la bouteille pour ne pas penser que j'allais encore subir deux mois d'école sans ma carotte au bout, ma récompense, si injustement reportée ! J'ai fini la soirée à vomir mon indignation dans les toilettes, sur un air de Charlie Winston bien sûr ! « Like a hobo » (« comme une clocharde ! »)

À presque chaque vacance scolaire, je m'offrais cette plage de liberté temporaire et illusoire, la seule qui me faisait tenir en place dans cette vie : les voyages ! La Martinique à plusieurs reprises, l'Île Maurice, le Viêt Nam, la Grèce avec sa maman, la Guadeloupe, la Croatie avec sa grande sœur et sa fille, la France… Je n'étais jamais rassasiée ! Jamais ! Les voyages me faisaient rêver lorsque j'étais dans ma classe à l'école à me demander quel était le sens de la vie. Lorsque par la fenêtre je contemplais ce brouillard épais, cette humidité, ce froid qui me transperçait la peau et la chair à en refroidir mes os… ce manque de luminosité m'assoiffait de soleil, d'aventure ! Cette hâte d'être au printemps, cette odeur d'enfants nazus… oui, les voyages me faisaient espérer et résister.

Avec Aurélien, nous avions fait un prêt pour construire notre maison, un bon choix plutôt que de payer un loyer, mais étouffant pour moi car un engagement sur 25 ans. Si stressant ! Je ne pouvais plus plaquer mon travail maintenant ! On a signé pour la construction en 2007, on s'y est installés fin 2008, le jour de mon anniversaire. Nous n'avons pu passer qu'un an et demi ensemble dans cette maison.

Voilà, en 2010, nous avions tout ! Nous avions cinq chevaux. Nous disposions de pâtures dans le village pour les mois d'été, et d'un terrain derrière chez nous avec des abris pour l'hiver, où nous les nourrissions tous les jours. Dans cette maison, nous avions un chat aussi, un croisé chartreux, nous lui avons donné un vieux prénom, trouvant cela drôle : Lucette. Pour l'anecdote, le défi était de donner un prénom à consonance vieillotte à ce chat. Lors d'une balade en attelage avec la jument d'Aurélien, pendant une pause avec ma cousine et son copain, nous avons fait un tour dans un cimetière histoire de trouver l'inspiration ! « Lucette » était gravé sur une tombe, et nous l'avons choisi pour notre chatte. Ridicule, peut-être, mais nous avions tous moins de 25 ans et un humour noir sans limites, j'avais prévenu ! Je ne suis pas superstitieuse, mais Lucette n'aura pas vécu longtemps, comme vous le lirez plus loin.

Les mercredis, samedi, dimanche, le programme était simple : Avec Aurélien, à cheval ! Rien n'était plus parfait à mes yeux que mes deux amours réunis : Lui et les chevaux ! On s'aimait et puis voilà !

Les vacances scolaires aussi, Aurélien aimait atteler sa jument Kanel. Il adorait faire gentiment le dingue dans son attelage quatre roues type « semi-marathon »; oui, c'est le nom technique complet, intéressant quand on connaît la suite de mon histoire. Sa jument était très douce et courageuse, toujours prête à foncer ! Nous nous amusions avec nos chevaux, toujours dans le respect de l'animal, et à l'écoute de celui-ci.

- Comment as-tu vécu ta mort ? (paradoxe : VIVRE SA MORT ?!?)

- Je me suis senti partir (tu dis cela en touchant ton côté gauche, à côté du cœur, pour montrer que tu as eu quand même un peu mal), mais tu sais, on le sait quand on meurt, on sait que ça y est ! M'as-tu répondu d'un air convaincant.

- Tu es sorti de ton corps ? ai-je demandé.

- Oui, tout de suite après, ensuite je ne me suis pas vu comme je suis d'habitude, je me suis trouvé très différent.

Chapitre 2

PRÉMICES : LES PREMIÈRES SECOUSSES

« Les hommes perdent la santé pour accumuler de l'argent, ensuite ils perdent de l'argent pour retrouver la santé. À penser anxieusement au futur, ils en oublient le présent de telle sorte qu'ils finissent par non vivre ni le présent, ni le futur. Ils vivent comme s'ils n'allaient jamais mourir... et finalement, meurent comme s'ils n'avaient jamais vécu ! »

Ce que le Dalaï-Lama pense de l'humanité.

C'est sûrement comme ça que j'allais cramer ma vie.

1 - Bourgeons de Printemps

Nous voilà au printemps 2010, dans notre maison en bois neuve en Picardie, où tout est censé être parfait.

Notre chatte, Lucette, croisée chartreux, magnifique Chatounette, que le patron de l'un de nos restaurants favoris nous avait donné, aimait sortir, chasser les taupes qu'elle nous apportait jusque sur le pas de la porte, jusque-là rien que de très classique pour un chat.

Un jour, Lucette allait mal, je l'ai emmenée chez le vétérinaire qui a diagnostiqué le Sida du chat ; je suis revenue avec Lucette, j'étais en pleurs la sachant condamnée. Aurélien était très triste aussi d'apprendre la nouvelle. Nous allions devoir l'euthanasier.

Nous sommes allés au restaurant avec sa Maman, sa sœur Murielle, et ma mère, pour nous changer les idées.

Durant cette soirée, nous avons dit à la mère d'Aurélien que nous partirions peut-être pour une mutation à Madagascar. Elle s'est effondrée en larmes rien qu'à imaginer son fils aussi loin d'elle. Si elle avait su ce qui nous attendait quelques mois plus tard, je pense qu'elle aurait rigolé d'un départ à Madagascar ! Ce n'était qu'un projet, car, avec nos animaux, il nous était impossible de tout plaquer.

Avec du recul, je me dis qu'il faut toujours faire attention à ce que l'on pense, mais parfois, c'est plus fort que nous, pas toujours contrôlable, car ce sont nos envies vitales, celles qui sont inscrites dans notre âme… donc des choses sont inscrites en nous, des pensées découlent puis des expériences, des événements arrivent. Je n'avais pas conscience de cela avant. Désormais, je sais que nos pensées construisent nôtre réalité, et le simple fait de suffoquer chaque jour, et de penser : « si je n'avais pas ces chevaux, cette maison, ce chat… je serais libre » (avec Aurélien bien sûr). Cette pensée récurrente a probablement fait qu'en avril 2010, Lucette a dû être euthanasiée. Cette pensée de suffocation a sûrement aussi induit le fait que nos deux magnifiques juments sont mortes elles aussi, trois semaines après le chat. Et ce n'était pas fini ! Je ne me blâme plus désormais, mais j'ai longtemps cru que j'avais généré ces catastrophes à trop vouloir ma liberté… En effet, cet enchainement de décès soudains laisse perplexe, dubitatif, on peut le dire, sur le cul !

Deux juments adorables, mortes à 24 heures d'intervalle ! Un dimanche matin de printemps, le 25 avril 2010, un voisin nous a téléphoné pour nous dire que l'une de nos juments, Tulipe, âgée de 3 ans, ne se levait plus depuis 6 heures du matin. Début du cauchemar ! Nous avons accouru à la pâture, Tulipe gisait froide avec de la mousse blanche sortant de ses naseaux. Son corps était raide mort, ses membres tendus, comme si elle avait passé la nuit à les agiter pour courir, à essayer de se relever, à souffrir seule, à mourir seule... l'horreur à l'état pur ! Nous hurlions dans la pâture :

« Tulipe, réveille-toi ! Tuliiiiiiiiipe Non !!! »

Nous étions désemparés.

Désemparés pour un cheval.

Nous ne savions que faire, nous ne pouvions plus rien faire de toute façon, elle était froide, morte, inerte. Quel choc ! Aurélien avait pâli, moi aussi, nous ne pouviosn croire que cela était vrai.

Nous avions été informés une dizaine de jours auparavant qu'un champignon microscopique mortel était présent dans les herbes, au printemps, dans certaines régions de France. La Picardie était sur la liste rouge et il était recommandé de rentrer les chevaux dès le début du printemps ! Nous avions décidé que cela ne nous arriverait pas, et qu'il n'y avait aucune raison de rentrer des chevaux au box en plein mois d'avril après qu'ils aient passé des mois d'hiver parqués dans un paddock.

Pas nous, non pas nous ! Et pourtant ! Après avoir découvert Tulipe raide morte, nous avons fait rentrer les autres équidés au box : Kanel, la mère de la pouliche emportée en une nuit, elles partageaient la même prairie, les trois autres étaient dans une autre pâture voisine.

Kanel a dû être euthanasiée le jour suivant, le 26 avril 2010.

L'horreur, la tartine de merde ! L'injustice !

Ce bonheur qui fait du bruit quand il s'en va, j'assistais à son départ, et il était bien bruyant !

Nous avons dû accélérer sa fin afin que cela ne soit pas plus trash et dégueulasse que cela ne l'était déjà. Une petite piqure suffit à endormir ce si grand, si fort, si inépuisable cheval. Kanel plia les genoux en regardant Aurélien droit dans les yeux, et se laissa tomber. Je ne sais pas pourquoi, je suis restée fixée sur ses yeux, rien d'autre. La Mort c'est quand les yeux sont vides et n'expriment plus rien ; là, elle exprimait toujours quelque chose. Cette jument se laissant tomber m'a fait penser au film Jurassic Park, lorsque de gigantesques dinosaures chûtent sous l'effet d'une balle anesthésiante. Cette grosse jument qui s'effondrait devant moi me faisait l'effet d'un monument qui s'écroule... quelque chose qu'on n'envisage pas une seconde de voir un jour s'effondrer, et cela, juste à cause de quelques pauvres millilitres de produit chimique, ou de quelques bouchées d'herbe contenant un champignon microscopique ! On est bien peu de chose ! Vint la deuxième piqure, celle qui fait « partir » le cheval. Et là, les yeux de Kanel n'exprimèrent plus rien. Comme pour ces animaux empaillés, avec leurs yeux en verre : plus un souffle de vie. Son corps s'est mis à trembler un peu, sa lèvre supérieure s'est raidie, comme lorsqu'elle essayait de saisir une friandise avec sa grosse bouche, ce, même après que son cœur se soit arrêté. (mais là c'était pour **crever la gueule ouverte** comme on dit chez nous !) « Ce sont les nerfs », m'a tristement et froidement dit le Docteur, avec son accent belge. Il euthanasiait pour la deuxième fois en moins d'un mois un de nos animaux.

C'était un cauchemar : perdre nos deux juments entre le dimanche matin et le lundi matin, sans oublier quelques jours avant, le départ de notre p'tite Lucette dont je me remettais péniblement.

Waouh ! La suite fut belle aussi : il nous fallut attendre deux jours que l'équarrisseur vienne emporter les cadavres qui commençaient à sentir mauvais (les après-midi étaient chaudes en cette fin avril). Un jus brunâtre s'écoulait du dessous des corps au contact du sol humide, leurs ventres avaient gonflé, les excréments s'étaient écoulés tout seuls, les membres étaient raidis, et en tentant de leur prodiguer une dernière caresse sur le nez, je découvrai à quel point celui ci était dur…

Après le passage de la mort, il y a toujours cette étape où il faut se débarrasser des corps !

2 - Été banal, retour fatal

Été 2010

La vie a ensuite repris son cours, comme on dit. Jusqu'au bouquet final, RAS, rien à signaler ! Des vacances en Corse où j'ai eu grand peine à apprécier l'instant présent. Un séjour durant lequel je ne cessais de voir ce que je n'avais pas, plutôt que de savourer ce que j'avais. Un séjour où je pensais déjà à cette rentrée des classes qui me rongeait tellement elle approchait à grands pas. Un séjour que j'ai gâché.

Si j'avais su que c'était nos derniers moments ensemble, je peux vous dire que j'aurais apprécié chaque petite* seconde (* j'avais envie d'écrire chaque « putain » de seconde, mais j'ai remplacé par « petite », à vous de choisir), chaque petit jour, chaque petit repas, chaque petit sourire de celui qui faisait battre mon cœur.

Je n'étais pas spécialement excitée à l'idée de visiter la Corse, je savais que ce ne serait que temporaire et illusoire, que cela aurait une fin et que le retour en classe arriverait vite. Blasée, désillusionnée, et jamais dans le moment présent, c'était tout moi !

Pourtant c'était la Corse, l'Ile de beauté, un rocher dans la mer méditerranéenne, une véritable splendeur de la nature où mer et montagnes sont presque indistinctement mêlées.

Je n'en ai rien vu.

Voilà ce que mon esprit a choisi de voir : une après-midi à la plage, Aurélien et moi étions sur notre bateau jaune gonflable, à ramer assez loin de la rive où nous campions. Sur une mer bleu azur magnifique et parfaitement limpide, nous nous amusions bien en prenant un bain de soleil. Un yacht est passé, sur lequel j'apercevais une famille. Ils semblaient très riche (of course). Le père, gros cigare aux lèvres, était vêtu d'un polo blanc « classy », de lunettes de soleil de luxe, et dégustait une coupe de Champagne sur la terrasse du Yacht. Il était accompagné d'une femme de 20 ans sa cadette…

J'ai fait remarquer à Aurélien que nous faisions un peu figure de « nuls » sur notre pauvre bateau gonflable et que je me serai bien vue aussi sur ce yacht ! Je serai bien montée à leurs côtés pour siroter du champagne histoire d'oublier la rentrée scolaire de septembre qui se profilait (nous n'étions qu'à la mi-août, je le précise)… Aurélien a tenté de m'expliqué que ce n'était pas parce qu'ils avaient ce yacht et tout cet argent qu'ils étaient heureux, mais je ne pouvais pas le croire ! Pour lui argent ne rimait pas avec bonheur systématique. Il a émis l'hypothèse que la bimbo qui se trouvait sur ce bateau n'était sûrement pas amoureuse de cet homme obèse qui buvait et fumait des cigares. Elle n'avait sans doute pas la chance d'avoir trouvé l'amour de sa vie. Pour Aurélien, si elle n'avait pas trouvé son âme jumelle elle ne pouvait être heureuse pleinement et sincèrement, car elle n'avait pas encore compris le sens de la vie, qui pour lui était clair : aimer. Il avait raison. Je savais qu'être avec la personne que l'on aime était plus important que tout, mais il m'en fallait plus, plus, plus, encore plus ! J'étais d'accord pour dire que trouver son âme jumelle importait plus que tout, mais pas pour dire que l'argent n'était pas important du tout ! : *« Et ce yacht alors il ne te rendrait pas heureux ? Regarde ce bateau gonflable à 25 € ! »* C'est alors qu'une jolie petite fille aux longs cheveux blonds et habillée de la tête aux pieds comme si elle se rendait à un mariage apparut sur le pont arrière du bateau. Elle nous contemplait avec un petit sourire envieux... Aurélien m'ouvrit les yeux, en me faisant remarquer que cette petite fille souhaitait probablement plus que tout au monde jouer avec notre vieux bateau gonflable et qu'elle s'y amuserait sûrement plus qu'avec sa famille de « culs serrés » (expression familière qui signifie coincés et retenus) plus riche de champagne que d'amour ! Il me disait que ces gens se disputaient peut-être souvent, ce qui n'était pas notre cas (on ne se disputait **absolument jamais,** même après 7 ans de vie commune). Même ce débat sur l'argent se faisait dans la douceur. Nous n'étions pas en désaccord. Ce n'était pas une conversation dans laquelle chacun argumentait pour avoir raison et prendre l'ascendant sur l'autre. Non, pas avec lui, c'était juste une conversation constructive où il tentait gentiment de me faire comprendre le vrai sens de la vie. Même si je m'obstinais à ne pas comprendre et à envier les gens sur ce yacht, Aurélien, ne s'énervait jamais. Il m'expliquait posément ses points de vue en les illustant d'exemples. Je sentais bien qu'il voulait juste me rendre heureuse, qu'il espérait me faire apprécier la douceur du moment présent ! Il aurait aimé que comme lui, je sois simplement heureuse sur mon bateau gonflable ! Il se disait juste « la pauvre, elle n'a pas encore compris », mais ne me jugait en aucun cas... Lui qui appréciait TOUT de cette vie, absolument tout, voulait que j'en fasse de même, tout simplement.

Pour Aurélien, le confort matériel et l'argent n'avaient aucune importance. Pour moi, ils représentaient la fin de mon contraignant travail à l'école, et la tranquillité de l'esprit.

Guillaume, un neveu (et filleul) d'Aurélien nous avait rejoints. Un soir, alors que nous campions au beau milieu des montagnes, nous avons eu pour conversation les esprits, la vie après la mort... Guillaume disait pouvoir y croire, mais cela lui faisait assez peur. Aurélien quant à lui y croyait, tout comme moi. Il se souvenait d'une soirée durant laquelle j'avais eu la vision de mon grand-père décédé. Et celui-ci était effectivement mort trois mois plus tard ! Il revint d'ailleurs après sa mort dans mes rêves pour me dire qu'il me voyait et me confier que sa mort n'avait pas été douloureuse. Aurélien donc, y croyait. Après cette conversation, nous nous sommes endormis dans notre grande tente. Ah oui ! J'avais oublié : tout en discutant de ce sujet, Aurélien m'avait révélé sa crainte d'être enterré vivant. Il avait émis l'idée rigolote d'être inhumé avec une perceuse-dévisseuse, une lampe de poche et un téléphone chargé au cas où... Nous avions bien ri en imaginant un mort avec tout son attirail dans son cercueil !

Le lendemain au réveil, j'ai raconté mes rêves de la nuit à Aurélien et à son neveu. J'en étais encore toute sonnée ! Mon ami d'enfance Filipe, décédé quelques années auparavant, était venu me dire qu'en rentrant en Picardie, je ferai bien d'aller voir sa mère pour lui demander de quelle somme d'argent il disposait sur son compte lors de sa mort. Il me disait d'en vérifier le montant avec sa mère, mais que cela devait faire 40 000 euros.

Aurélien et Guillaume n'en revenaient pas, ni moi non plus d'ailleurs ! Ce n'était pas la première fois que mon ami d'enfance venait me montrer dans les rêves qu'il y avait bien quelque chose après la mort : il était un jour venu me dire : « c'est super Carole, tu verras quand on meurt, on peut revenir à l'âge où l'on était enfant ». Il avait alors pris l'apparence qui devait être la sienne lorsqu'il avait 12 ans, il était très frais, très beau.

En revenant en Picardie, je n'ai pas osé aller voir sa mère et lui demander s'il avait 40 000 €. Je ne ressentais pas le besoin d'aller lui parler immédiatement, et il me semblait assez délicat d'opérer cette intrusion dans la vie privée de ses parents, alors qu'ils remontaient si difficilement la pente.

Filipe m'avait juste donné une information qui me serait peut-être utile un jour… Avait-il essayé de me préparer à un évènement prochain en me donnant cette possibilité d'aller vérifier si cette information était correcte ? En me prouvant qu'il y avait bien une vie après la mort ? Probablement.

En Corse, sur la plage, je lisais « L'homme qui voulait être heureux » de Laurent Gounelle. C'était ma première lecture de développement personnel. Grâce à ce livre, j'ai réalisé que la puissance était en moi, et que tout était possible… et que si je n'étais pas complètement heureuse, c'était peut-être à cause de mes croyances limitantes. Je savais, je croyais, que mon plus grand rêve (vivre sur une île sans être professeur) n'était absolument pas compatibles avec ma vie avec Aurélien.

Situation paradoxale, me direz-vous, vu que je l'aimais, que tout allait bien, que j'avais rencontré la bonne personne (pas seulement « la bonne personne », mais mon âme jumelle...), mais que d'un autre côté, il me fallait quelque chose de plus.

Durant ce dernier séjour ensemble (que j'aurais pu simplement savourer), nous avons donc discuté de quel avenir envisager afin que je sois pleinement heureuse, loin de la Picardie, de sa grisaille et loin d'une classe d'école. J'ai pleuré lorsque j'ai entendu Aurélien me dire qu'il était prêt à me voir réaliser mes rêves, à me voir vivre sur une île au milieu de l'océan Indien ou Pacifique. Il était prêt à ce que l'on ne se voie que deux fois par an, l'essentiel étant pour lui de me voir heureuse. Bien sûr, j'aurais pu partir loin sur une île, mais sans lui, cela n'avait pas de sens ! J'aurais été malheureuse et lui aussi. Coincée. Je me sentais coincée entre le désir de réaliser mes rêves et cet amour plus fort que tout. Nous ne pouvions nous passer l'un de l'autre... Même une semaine de séparation était un supplice, une torture.

Tiraillée, je savais qu'il fallait que je réalise mes rêves un jour et que ma place n'était pas en Picardie. Je ne me suis jamais sentie appartenir à cette région, à ses interminables hivers, ses automnes déprimants, ses étés de trois semaines à peine... Si on rajoutait au tableau ce travail, qui m'interessait si peu, les conditions n'étaient vraiment pas réunies pour que je m'épanouisse ! L'énergie même de cette région était pesante. elle était imprégnée de la bataille de la Somme lors de la Première Guerre mondiale... Ce qui présente un intérêt pour certains était une remémoration incessante, redondante jusqu'au dégoût pour moi ! Des cimetières militaires tous les 2 km, un passé lourd et toujours si présent, car sans cesse entretenu. Des paysages de grands champs de labour sans fin, tous les arbres et forêts ayant été rasés pendant la Première Guerre… Les gens, assez aigris (mais chaleureux à la fois, attention j'adore les Picards !). Avec mon métier j'étais aux premières loges pour constater la difficile réalité économique et sociale de la région.

Je savais que ma place était avec LUI un point c'est tout ! Donc fin du débat, ma priorité c'était lui, et je ne pouvais pas partir sans lui. Alors que faire ? J'avais « le cul entre deux chaises » : devais-je me contenter d'être professeur des écoles en Picardie pour des classes de maternelle et payer un crédit maison sur 25 ans avec la personne que j'aime ? Ou réaliser des rêves qui me feraient me sentir accomplie et libre, mais sans lui ?

À notre retour en Picardie, par une belle après-midi de début septembre, je pleurais sur ma terrasse « dans les bras » de ma sœur (en vrai, je ne pleure jamais dans les bras des quiconque, car je ne suis pas tactile), lui disant qu'il me manquait quelque chose dans ma vie, un but, un sens. Repartir « enseigner » à des élèves de 5 ans, repartir vers l'automne, puis vers l'hiver et attendre les prochaines vacances en barrant les jours sur le calendrier me répugnait ! Piégée, j'avais une boule dans le ventre constamment.

Rentrée scolaire 2010, je suis titulaire de mon poste de professeur des écoles pour la première fois en 5 ans d'enseignement, c'est-à-dire que j'ai ce poste et que je peux le garder à vie. Je ne vais plus être balancée à droite et à gauche ! C'est le rêve de toutes mes copines débutantes dans le métier, d'être titulaire d'un poste et de pouvoir s'établir à un même endroit pour des années ! Super !? Eh bien NON ! Pas pour moi !

La reprise du travail s'est plutôt « bien passée » pourtant. Pour Aurélien aussi, mais de toute façon, pour lui, tout va toujours bien ! Il est heureux et épanoui. Le changement était imminent, mais ce ne serait pas vraiment ce que j'attendais... Pas de loto en perspective !

LIBERTA

Tu sais qu'il y a un bateau qui mène au pays des rêves
Là où il fait chaud, où le ciel n'a pas son pareil
Tu sais qu'au bout d' cette terre
Oh oui les gens sèment
Des milliers d'graines de joie où pousse ici la haine
On m'avait dit p'tit gars
Là-bas on t'enlève tes chaînes
On te donne une vie
Sans t'jeter dans l'arène
Comme ici tout petit après neuf mois à peine
On te plonge dans une vie où tu perds vite haleine
Alors sans hésiter
J'ai sauté dans la mer
Pour rejoindre ce vaisseau
Et voir enfin cette terre
Là-bas trop de lumière

J'ai dû fermer les yeux
Mais rien que les odeurs
Remplissaient tous mes voeux

{Refrain:}
I just wanna be free in this way (je veux juste être libre)
Just wanna be free in my world (je veux juste être libre dans mon monde)
Vivere per libertà (vivre pour la liberté)
Vivere nella libertà (vivre dans la liberté)

Alors une petite fille aussi belle que nature
Me prit par la main et m'dit : « Suis cette aventure »
On disait même, oh oui que la mer l'enviait
Que la montagne se courbait pour la laisser passer
Elle m'emmena au loin avec une douceur sans fin
Et ses bouclettes dorées dégageaient ce parfum
Qui depuis des années guidait ce chemin
Ton chemin, mon chemin, le chemin
(refrain)
Pour arriver enfin à ces rêves d'enfants
Qui n'ont pas de limites comme on a maintenant
J'ai vu des dauphins nager dans un ciel de coton
Où des fleurs volaient caressant l'horizon
J'ai vu des arbres pousser remplaçant les gratte-ciels
J'ai vu au fond de l'eau une nuée d'hirondelles

Encore une petite chanson qui me faisait vibrer les tripes, qui m'aurait fait pleurer au volant de ma voiture le matin pour aller travailler. Voilà un mec qui a tout capté de la Vie, pas la vie non, la Vie celle avec un Grand V, celle qui déchire, qui dépote et qui autorise les rêves ! La vie pour laquelle nous sommes invités à vivre. Je ne suis pas une grande experte en musique, mais certaines d'entre elles ont des paroles qui, je le crois sont destinées à éveiller en nous un instinct. C'est la raison pour laquelle, je tiens à les partager, car elles sont le clair reflet de ce que je ressentais à l'époque. Voilà ce à quoi je rêvais : cette chanson de Pep's, un chanteur Français, me parlait et résonnait en moi comme s'il avait lu dans mes pensées, mes pensées les plus folles, des pensées de liberté, des pensées de petite fille tout droit sortie du monde de Mickey. À l'écoute de cette chanson, alors que j'écris là, maintenant, je peux revenir dans le temps et me rappeler de sentiments qui étaient mêlés en moi. Un mélange d'espoir qu'un jour je serai libre. Je voyais la lumière pas trop loin, cette liberté imminente, je sentais que ça arriverait un jour, avec toujours cette suffocation présente et constante. Cette chanson me donnait envie de sauter par la fenêtre pour m'envoler (non pas pour me tuer). Mon âme savait, mon âme pressentait !

3 - L'Automne et la fin des haricots

Dimanche 11 septembre

Nous avons eu un emploi du temps chargé !

Je me suis levée sans être très en forme, très anxieuse cette nuit-là, j'ai mal dormi, car j'ai pensé à une réunion importante qui était prévue le lundi 13 septembre avec les collègues et le directeur de l'école. Je me préparais psychologiquement à m'imposer face aux autres collègues pour obtenir des heures supplémentaires de soutien scolaire afin d'arrondir nos fins de mois pour partir davantage en voyage ! Des heures supplémentaires non pas par passion du travail, mais pour se barrer, se casser plus souvent quoi ! Je planifiais cette réunion dans ma tête et répétais intérieurement ce que j'allais leur dire. Planifier quelque chose trois jours avant n'a pas de sens, non, pas de sens.

En me levant, j'ai pris un Atarax (antistress chimique) que j'avais en stock. J'en prenais de temps en temps en cas de stress important. Aurélien m'a dit ce jour-là, que ce n'était pas naturel et que je ferais mieux de me reposer pour récupérer de cette nuit d'angoisses inutiles, car comme il le disait :

« Pourquoi s'inquiéter pour une réunion qui n'a lieu que lundi ? Aujourd'hui c'est samedi, ce n'est pas lundi, tu auras tout le temps de stresser le jour de la réunion ! Pis au pire, ils ne vont pas te bouffer ! »

Il avait raison, je le savais, mais je ne parvenais pas à appliquer cette philosophie au quotidien, il fallait que je me pourrisse la vie avec des conneries, avec ce stress, plus fort que moi, si bien ancré dans mes gênes !

Le matin, Aurélien tenait à continuer les bordures en ciment de l'allée de notre maison jusqu'au portail vert qui fermait notre terrain. Nous avons donc creusé, et fait du béton... Pour un dernier jour de vie, je dirais, bidon, vraiment bidon.

L'après-midi, nous avons fait des courses pour inviter mes cousines, Natacha, Céline, Gilles, le conjoint de Natacha, et Gaëtan et Amélie, un couple d'amis. Nous avions prévu de leur faire un tajine au poulet. Aurélien avait emprunté le tajine de son beau-frère marocain ce dernier jeudi de sa vie. Ce fut l'ultime fois qu'il vit sa sœur, pour aller chercher l'objet en terre cuite. Ce samedi après-midi très banal, nous sommes allés faire des courses pour acheter le nécessaire pour la soirée ; puis Aurélien s'est mis aux fourneaux.

Moi, j'étais toute obsédée par mes tracas, le stress, l'angoisse de cette réunion d'école.

En allant faire mes courses, je me suis arrêtée dans la librairie de la galerie du supermarché. Je souhaitais acheter un livre pour les enfants de ma classe, pour un projet (dont je me foutais royalement), sur le thème des éléphants. N'ayant pas trouvé ce livre, je me suis tout de même offert un magazine intitulé « *Sciences Revue* » et dont la une titrait :

RÉINCARNATION, que dit la science ?

Peut-on revivre ?

De qui descend-on ?

Faut-il y croire ?

Les signaux de l'inconscient

Non, mais je rêve ! Lire ça la veille de sa mort ! N'est-ce pas incroyable ?

Ce titre m'a interpellée, et **quelque chose de fort en moi m'a soufflé de l'acheter.**

En revenant à la maison, alors qu'Aurélien cuisinait et que dépourvue d'énergie, j'étais accoudée à l'îlot central de notre cuisine rouge super design, je lui ai lu l'article sur la réincarnation. Le dernier jour de sa vie, fatiguée et inquiète pour un lundi qui ne serait jamais tel que je l'avais prévu... je lisais donc à Aurélien un article sur la réincarnation!

Marie, mon amie, était passée nous dire bonjour. Elle le faisait souvent depuis le départ de nos chevaux. Nous ne pouvions malheureusement plus partager des balades à cheval ensemble. Alors, j'ai partagé avec elle un café et... un article sur la réincarnation !

Observons ensemble le bond énorme en cinq mois de temps : nous sommes passés des interminables balades à cheval à la lecture d'articles sur la réincarnation en buvant du café ! On s'approchait du but, doucement ! On arrivait vers des réponses aux questions existentielles !

L'article en question relate des expériences pour le moins intrigantes. L'une en particulier me revient : une enfant de 5 ans parlant parfaitement anglais et reconnaissant les rues de Londres sans y avoir jamais mis les pieds. Elle pouvait aussi raconter des évenements marquants de l'histoire anglaise comme si elle les avait vécus dans une vie passée...

Convaincus ! Marie, Aurél' et moi-même étions convaincus que la réincarnation était possible ! Parler de réincarnation, OK, pourquoi pas ? Acheter un magazine entièrement dédié à cela OK, pourquoi pas ? Mais en parler la veille de la mort d'Aurélien, là, je dis « chapeau bas » ! Mes guides m'ont amenée à cela pour une raison ! Je n'étais pas consciente de leur existence à cette époque, **mais je sais que s'ils m'ont mis ce magazine dans les mains, ce n'est pas par hasard !**

Une autre conversation, ce dernier jour de sa vie, a également été cruciale : celle sur le désir d'enfants ! Peu de temps auparavant, nous avions invité un collègue d'Aurélien, sa femme et leur fils de 9 mois à dîner. Nous avions trouvé leur enfant très calme, sage et équilibré, contrairement la plupart des enfants que nous pouvions rencontrer, et qui étaient très agités, petits rois, et véritables bourreaux de leurs parents. Nous avons donc fait un « débriefing » à leur sujet, et en avons conclu que même si cet enfant relativement cool, gentil, calme et mignon faisait plaisir à voir... nous ne voudrions pas d'enfants ! Nous nous étions dit ce jour-là, que notre vie à deux était trop précieuse, que nous avions trop besoin de passer notre temps ensemble pour le partager avec un bambin, même gentil ! L'air de rien, c'est bien d'en avoir parlé ce samedi 11 septembre 2010, l'air de rien !

Arrive enfin la soirée avec nos cinq invités ; nous avons pris un apéritif, dégusté de délicieux tajine d'Aurélien, bu du bon vin, inconcients de ce qui nous pendait au nez, ignorant totalement que le lendemain, Aurélien irait rejoindre les étoiles ! C'est beau dit comme ça non ? Reformulé cela donnerait : nous faisions une soirée comme des p'tits cons, inconscients que ce serait la dernière !

L'un des invités, Gaëtan, pompier volontaire, a été guidé (inconsciemment bien sûr) par l'envie de nous parler des différents cas d'arrêts cardiaques, infarctus, et autres problèmes de cœur qu'il a pu rencontrer sur des personnes jeunes ou non. C'était un sujet intéressant, dans la mesure où il avait sauvé un homme d'une soixantaine d'années peu de temps avant d'une fibrillation cardiaque. Cet homme s'en était sorti indemne, ce n'était pas l'heure de son départ pour le grand voyage !

C'est incroyable, mais nous n'avons eu ce soir là que des conversations en adéquation avec ce qui nous attendait le lendemain !

Roulements de tambours... suspens..., avec du recul, et de la compréhension, je me dis maintenant que « là-haut », ils (ou Il c'est à vous de choisir, Dieu ou les guides ou l'Univers) avaient donc tout préparé. Je les imagine s'activer sur leur petit nuage, à programmer cette dernière journée de vie terrestre d'Aurélien, ce jeune homme de 28 ans qu'ils guidaient depuis son arrivée sur Terre.

Je les imagine se disant :

- *« Mes chers collègues, demain, c'est le Grand Départ Terrestre du petit Aurélien, c'est le plan, c'est écrit. Nous avons pour mission de l'y préparer ! »* dit le Boss de là haut.

C'est alors que les guides d'Aurélien s'activèrent à préparer le grand voyage de leur petit protégé.

- *« Hey Bibi, opération "préparation à mourir", mets lui un magasine sur la réincarnation dans les mains ! »*, dit Momo, devenu l'un des guides d'Aurélien depuis sa naissance terrestre.

- *« OK, je te reçois 5 sur 5 Momo, attends la petite Carole est dans une librairie, je prends les commandes ! Elle ne va pas trouver son livre pour sa classe, de toute façon elle s'en fout ! Histoire de le préparer un peu à ces sujets là, je vais entrer dans ses pensées pour qu'elle achète ce magazine sur la réincarnation, elle va aimer, elle va le lire à Aurélien, car ils partagent tout ces deux-là... »* dit Bibi, un autre guide proche d'Aurélien.

- *« Fais-les parler aussi d'enfants comme ça Carole n'aura pas de regret quand il mourra, et que tout le monde lui dira bêtement que c'est dommage de ne pas avoir fait d'enfant, le sujet aura été abordé ce sera plus facile pour elle... »* dit Momo

- *« OK Momo, je fais une transmission de pensée à Aurélien, il va faire un débriefing sur l'enfant des amis qu'ils ont invités, comme ça ce sera fait… »*

- *« Quoi d'autre maintenant ? J'ai oublié une chose Bibi ! Le petit Gaëtan, le pompier, faudrait qu'ils l'invitent, car il aime parler des réanimations qu'il a pu faire, comme ça il préparera Aurélien à son destin du 12 septembre… Il sera prêt, je pense ! »*, dit Momo,

- *« Bon, tout est OK pour demain Momo? »*

- *« Oui, on lui laisse quand même le libre arbitre, c'est la loi universelle, il a une marge de manœuvre, il peut éviter le plan de son départ demain s'il le souhaite ! On lui envoie un signe ou deux pour le marathon, comme ça, s'il veut, il choisira de ne pas y aller, sinon il ira, après tout c'est le plan… nous on aura fait notre boulot Bibi ! »*

- *« OK, on va lui faire passer une mauvaise nuit, et faire en sorte qu'il pleuve demain matin. Ah tiens, on va aussi lui faire oublier sa pièce d'identité dans la voiture, pour le retarder. S'il veut vraiment aller courir il ira, mais au moins il aura reçu des signes, il aura son libre arbitre et à un moment il devra se demander s'il y va ou pas. Je balance les petits obstacles ! Il faut toujours leur laisser le libre arbitre à ces humains ! »*

- *« D'accord, j'envoie une invasion de mouches bien bruyantes dans leur chambre ! »*

Je sais que ces signes n'ont pas été envoyés pour lui barrer la route, mais pour lui signaler qu'à échelle humaine, une catastrophe allait arriver. Aurélien disait toujours que si des obstacles nous barraient la route, c'est qu'on devait éviter quelque chose. Toutefois, si rien ne nous empêchait de faire ce qu'on a projeté c'est qu'on devait le faire, c'était « le plan ». À échelle humaine, sa mort aura été une catastrophe, à l'échelle des dimensions supérieures, sa mort n'est qu'un passage vers une autre dimension ; une évolution, une « reconversion ». Là-haut, tout a été fait pour qu'il soit conduit au semi-marathon avec toutefois une possibilité de l'éviter. C'est comme s'il y avait un chemin balisé (le plan) que l'on se sent poussés à suivre, mais aussi d'autres carrefours grâce auxquels, on peut emprunter une autre route. Je pense que c'est cela ma définition du libre arbitre.

Ce samedi 11 septembre était une journée assez bizarre, pas palpitante, banale, je n'étais pas en forme. Aurélien n'avait pas la même énergie que d'habitude, il était peu présent tout en étant présent. Ce genre d'état où l'on est dans une bulle, seul avec soi-même.

Nous nous sommes couchés à une heure raisonnable, minuit et demi mais avons extrêmement mal dormi. Des mouches envahissaient notre chambre et faisaient un vacarme incroyable. J'étais moi-même agitée, et ai réveillé Aurélien trois ou quatre fois en essayant de tuer ces fichues mouches avec un oreiller…

Bon, tout ça pour dire que, si j'avais su, ce 11 septembre, je l'aurais vécu comme si ça avait été le dernier !

Chapitre 3

THE TSUNAMI : LA SECOUSSE QUI TUE

« *Tous les jours vont à la Mort, le dernier y arrive.* »

Montaigne, Essai.

Petit retour en arrière : le mercredi 7 septembre, en rendant visite à ma cousine Natacha et à son conjoint Gilles, Aurélien m'a parlé d'une banderole vue sur un rond-point, et qui annonçait le marathon du Coquelicot.

« Coquelicot », car symbole des champs de bataille de la Première Guerre mondiale ; ce marathon allait avoir lieu le 12 septembre à Albert. C'est en discutant avec Gilles qu'il a appris que ce dernier s'y était inscrit avec l'un de ses voisins. Gilles n'est pas un grand sportif, mais court plusieurs fois par semaine, il aime la course à un niveau amateur.

Je me souviens que ce soir-là, ma cousine m'avait demandé comment ma rentrée des classes s'était passée, j'avais répondu que je n'en pouvais déjà plus. En blaguant, Gilles m'avait dit que si je me coupais un doigt à l'école, je pourrais être dispensée d'enseigner pour toute la vie pour raison de handicap, ou d'accident du travail. J'ai répondu : « *Yes ! Je préférerais avoir un doigt coupé que d'enseigner toute ma vie comme un robot ! Vas-y coupe moi le doigt Gilles !* ». Aurélien avait riposté en lui disant : *« Arrête de lui donner des idées comme ça, elle en serait capable tellement elle n'en peut plus ! »*. Bon, OK, il y a d'autres solutions, comme la démission, la reconversion professionnelle...mais j'avais peur, peur de cette zone de confort qu'est la sécurité de l'emploi.

C'est une drôle d'anecdote avec du recul, car quelques jours plus tard j'allais effectivement cesser de travailler, mais pour une raison autre- et tellement plus grave - qu'un doigt en moins !

Donc, après discussion, mon Aurélien s'est empressé de s'inscrire au semi-marathon du Coquelicot. Ses parents ne le savaient même pas, tellement tout cela s'était fait à la dernière minute. Une sorte de « concours de circonstances » comme on dit ! Suffisait d'aller voir le médecin généraliste pour avoir un certificat d'aptitude, et hop ! C'était parti pour un petit défi personnel !

Bien sûr, la veille du 12 septembre, Aurélien a vu le médecin traitant qui n'a pas trouvé d'inconvénient à ce qu'un jeune homme de 28 ans court 21 km, sachant qu'il n'était pas empâté et pratiquait déjà le foot en salle, le squash et l'équitation. De toute façon, aucun problème apparent ne l'en aurait empêché.

De mon côté, je trouvais juste ça épouvantable de courir et ce n'était pas du tout mon truc mais à part ça, pourquoi pas ? Rien de choquant ! J'avais prévu de peut-être le suivre à vélo pour la rigolade, je ne l'ai pas fait. Dommage, ça aurait été tellement drôle... ho, ho, ho !

1 - Le fabuleux destin d'un dimanche matin

Lundi 12 septembre

C'est ce jour-là qu'il a franchi la ligne d'arrivée ! Et comment !

Le lundi 12 septembre, Aurélien était donc inscrit à un semi-marathon de merde, débile et insensé !

Ce dimanche-là il pleuvait le matin, et il avait dit que s'il pleuvait il n'irait pas.

Huit heures du matin : son réveil a sonné. Il est allé voir par la fenêtre, et m'a annoncé qu'il pleuvait. Intérieurement, je me suis réjouie qu'il n'y aille pas, je ne voyais aucun intérêt à courir un dimanche matin 21 km. J'aurais préféré qu'il reste au lit avec moi. Finalement, il est revenu dans notre chambre, m'a embrassée et m'a dit, toujours optimiste : « ça va se dégager, c'est parce qu'il est tôt ». Je me suis re-nichée dans la couette alors qu'il quittait la chambre, de laquelle je le voyais encore dans la mezzanine. Il a descendu les escaliers et à la troisième marche, s'est tourné pour la dernière fois vers moi, avec un dernier grand sourire pour me dire un dernier « *à tout à l'heure ! Repose-toi bien* ! » C'est moi qui aurais mieux fait de lui dire « Repose toi bien », car oui, son repos allait être imminent et prolongé ! Ce sont les derniers mots que j'ai entendus de sa bouche, et cette dernière image de lui vivant : se tournant vers moi, me lançant un dernier regard, et partant. Si j'avais su, je l'aurais empêché d'y aller, j'aurais crevé ses pneus, j'aurais simulé une crise d'épilepsie, j'aurais fait une crise de nerfs pour le faire rester, je l'aurais assommé ou poussé dans les escaliers ! Mais entre nous deux, chacun faisait ce qui lui faisait plaisir, et puis ce marathon, ça n'allait pas durer longtemps. Le principal, c'était de ne pas être séparés trop longtemps, pour l'un comme pour l'autre ! Tu parles ! Séparés pas trop longtemps ! Dire qu'aujourd'hui on bat notre record de séparation !

Le dimanche 12 septembre, je me suis donc profondément rendormie jusqu'à 12h45, chose inhabituelle pour moi qui suis toujours levée à des heures raisonnables, même le week-end. Mon anxiété permanente ne m'a jamais permis de dormir jusqu'à midi tranquillement.

Durant cette grasse-mat', j'ai fait un rêve bizarre, dans lequel j'accouchais très douloureusement d'un petit Aurélien. Il était sa copie conforme, mais en miniature, cheveux noirs, peau claire, yeux verts, bouche pulpeuse, visage allongé… le portrait d'Aurélien, mais bébé ! Cet accouchement était horriblement et atrocement douloureux, je croyais que tout l'intérieur de mon corps allait sortir, telle une éventration avec les boyaux à vif extirpés de mon ventre. C'était comme si mes intestins, tous mes organes sortaient de mon corps avec ce bébé. Un cauchemar, une horrible torture ! Ce rêve je l'ai fait aux alentours de 12h30, juste avant mon réveil, le dimanche 12 septembre…

Je suis levée quelques minutes plus tard un peu perturbée. Mais des rêves débiles, j'en fais tellement ! Je n'y ai donc pas prêté trop attention, sachant juste que cela pouvait annoncer une mort. Les rêves de naissances, on dit souvent que ça annonce une mort… Évidemment je pensais à une mort possible autour de moi, mais pas directement chez nous, peut-être le voisin de 80 ans ? Ou ma grand-mère de 86 ans ? Mais pas chez nous, non ! J'avais hâte de le lui raconter quand il rentrerait pour connaître son impression ! Lui savait si bien décrypter mes peurs et mes angoisses.

En me levant, j'ai été étonnée, car le courant était coupé. Dans notre spacieuse cuisine rouge, le four tactile clignotait, tel un réveil après une coupure d'électricité. Le four indiquait « 0 : 20 » ; j'en ai donc déduit que le courant avait été coupé vers 12h30… ce qui n'arrivait jamais dans cette maison neuve.

Ce dimanche 12 septembre, j'ai commencé à ranger la maison. Un petit rayon de soleil passait au travers des baies vitrées. La grande table était encore pleine de vaisselle, de verres sentant le vin rouge, de restes de tajine et de pain rassis… J'ai tout débarassé, ai rempli le lave-vaisselle, et ai balayé. J'étais toujours en pyjama car je prévoyais de prendre ma douche après avoir bien transpiré à ranger la maison. !

Vers quatorze heures, ma cousine Natacha m'a téléphoné pour me demander de lui ouvrir notre grand portail. « Tiens, après le marathon, ils viennent peut-être tous boire un verre ici ! Cool ! » Me suis-je dit.

Hormis lorsqu'on les invite, Natacha et Gilles ne sont pas du genre à passer à l'improviste. Ce sont des gens qui aiment rester chez eux, mais qui adorent les visites, surtout de nous deux ! (Clin d'œil).

J'ai ouvert la porte de ma maison, et ai appuyé sur le bouton de la télécommande du portail… Au fur et à mesure que mon portail s'ouvrait, sont apparues trois personnes. Ce dimanche 12 septembre, j'ai d'abord vraiment cru voir les pieds d'Aurélien puisque les premiers pieds à franchir le portail ressemblaient aux siens : les chaussures de sport « asics » étant similaires aux siennes et bien visibles depuis mon pas de porte. Mais non, le mari de ma cousine, Gilles avait les mêmes !

Pas d'Aurélien, tiens donc ! Ma cousine Natacha apparut à son tour, suivie d'un gendarme ! Pourquoi n'avait-il pas pu se déplacer avec eux ? Où était-il ?

Quand tous les trois furent arrivés à ma porte, je les ai interrogé :

« Mais où est passé Aurélien ? », ces trois couillons ne répondaient pas. Ils avaient l'air de cacher quelque chose ! Ils étaient trop louches !

« Pourquoi êtes-vous là ? Qu'est-il arrivé ? A-t-il eu un accident de voiture ? Il est hospitalisé ? »

Et qu'est-ce que ce gendarme faisait là ? Et sa bagnole de flic garée là devant chez nous ? On n'a rien fait de mal ?! Ma cousine ne m'avait jamais parue aussi bizarre. Elle semblait mal à l'aise et même choquée. Je ne savais pas ce qu'il se passait, mais en tout cas ils étaient tous les trois dans un drôle d'état ! Blancs comme des linges ! Et le gendarme n'avait pas meilleure mine !

Quelque chose était plus qu'étrange ! Quelque chose de grave avait dû arriver ! L'accident de voiture restait ma première hypothèse, et j'imaginais Aurélien dans un lit d'hôpital, dans le coma, dans un plâtre, ou encore en chirurgie ! Enfin, je pensais le retrouver dans un état où il est encore possible d'espérer, d'aider, de voir, de parler, de soigner. Je n'aurais jamais pensé que… non, pas un instant, je n'aurais pensé qu'il était…

C'est alors que le gendarme me dit :

« Il est mort Mademoiselle, il est mort ».

Je me souviens de son ton, monocorde, froid, sérieux…

Mais qu'avait il pu se passer ? Incident de voiture ? Coma ? Meurtre ? Bagarre ? (Non pas Aurélien, il était bien trop relax pour être mêlé à une bagarre, à une quelconque violence,... hypothèse rejetée illico par mon esprit). Enlèvement par des extra-terrestres ?!!

Ils m'expliquèrent alors, qu'à 50 mètres de la ligne d'arrivée, Aurélien s'était écroulé ! Mon cœur palpitait et j'hurlais de toutes mes forces sur le pas de la porte. tout le voisinage m'a entendu ! Je ne pouvais pas croire que son corps de 28 ans ait pu lâcher !

Est-ce un gag ?

Je ne pouvais pas y croire à cette connerie !

Qu'est-il arrivéééééééééééééé??????!!!

- *Son cœur a lâché, il a fait un arrêt cardiaque, ils ont tout essayé Mademoiselle, les docteurs ont tout essayé, ils n'ont rien pu faire !*

Au fond, quelque chose me soufflait bien que cette belle harmonie entre nous, que ce bonheur ne pouvait pas durer. Je savais bien que toutes les belles histoires d'amour finissent mal, en général ! Roméo et Juliette, à la fin ils meurent, et dans Titanic aussi il meurt... Ce cadeau d'être à deux, qui était mon unique bonheur, je savais bien qu'il ne durerait pas. Mais je ne pouvais croire qu'il était mort ! Deux sentiments si paradoxaux se mélangeaient en moi, : je sentais que cela aurait une fin un jour, et c'était en même temps si impossible à croire ! J'avais la sensation que le drame me pendait au nez de toute façon et que le bonheur que je vivais se paierait un jour… J'ai toujours eu très peur de la mort, je la redoutais, je savais qu'un jour elle surgirait dans ma vie, je sentais qu'il mourrait avant moi, mais pas aussi tôt ! À quarante balais ça aurait déjà été trop tôt, mais pas aussi tôt qu'à 28 ans, merde !

Le dimanche 12 septembre 2010, vers quatorze heures, j'étais encore en pyjama, j'ai monté les escaliers quatre à quatre pour m'habiller vite fait et me faire conduire à Albert, à 12 km de chez nous. Je voulais vérifier que l'information était vraie. Personne ne m'avait proposé d'aller voir son corps, mais il m'était tellement impossible de comprendre, d'entendre, de croire, d'intégrer cette nouvelle, que j'ai demandé illico presto à aller vérifier par moi-même cette connerie. Le gendarme avait beau me dire qu'il ne blaguerait jamais avec des choses aussi graves, je ne pouvais le croire ! Je tremblais ! J'étais dans un état second, comme propulsée dans une autre dimension ! Et puis je me disais que peut-être, j'étais victime d'un gag, ou qu'ils étaient tous défoncés à la coc', non, cela n'était pas possible !!

Arrivés à Albert, Natacha m'a emmenée à la morgue. Dans une salle, sur une table en métal, était présenté un grand sac plastique blanc avec une fermeture-éclair. C'était une chambre froide, à en croire la température. Le style était austère. Bien sûr, je ne m'attendais pas à des motifs pâquerettes ou à de la déco « paillettes » sur les murs ! Je me serai crue dans une série TV, comme « FBI portés disparus » lorsqu'ils ont tiré la fermeture du «sac à cadavre», découvrant le visage d'Aurélien. Ses yeux étaient ouverts. Ouverts et vides. Des yeux qui ne transmettaient plus rien, totalement dénués d'énergie, d'émotion, de vie,... des yeux vides, ronds comme des billes, comme ceux d'un animal empaillé... ou une jument décédée !

« On n'est donc pas plus qu'un cheval quand on meurt ? Me suis-je dit. On est vraiment tous égaux face à la mort !»,

Sa bouche était entrouverte, il avait l'air étonné, aussi surpris que s'il avait vu un extraterrestre. C'est l'image que je garde de lui : ses yeux ouverts, sa bouche béante, ses joues déjà bleues à peine deux heures après qu'il se soit écroulé. On distinguait des petits vaisseaux sanguins bleus, comme lorsqu'on a très froid l'hiver. Je n'avais jamais vu d'humain mort auparavant. Là, il paraissait mort, il ne bougeait plus. J'ai vérifié s'il respirait, mais non, rien ne bougeait, il était raide mort, froid, bleu, étonné, et surpris ! Il regardait droit devant lui, droit vers le plafond, son regard était profond et lointain ! c'était un peu comme s'il regardait les étoiles ! En même temps, je me demande si l'on peut mourir en regardant sur le côté, cela me paraît un peu biscornu...

Je lui ai demandé à plusieurs reprises qu'il se réveille ! Mais non, il n'a pas pu. J'ai vite compris que ce n'était que son corps, son enveloppe, mais que cet objet n'était plus Aurélien.

Qu'il est étrange de découvrir une personne que l'on a vue le matin pleine de vie, incapable de répondre à une question quelques heures plus tard... N'agitant plus ses cils, ne bougeant plus d'un millimètre, glacée par le froid de la mort, immobile et dure comme une statue de pierre mais ayant toujours la même apparence !

Lorsqu'on voyait un animal mort sur le bord de la route, Aurélien me rappelait souvent que nous n'étions pas plus qu'eux. Il disait mot pour mot « nous ne sommes que de la barbaque et des os, tendres comme du beurre, il faut en être conscients ! » Il disait cela pour ne pas que je roule trop vite sur la route, pour me rappeler la vulnérabilité de nos corps, que nous croyons à tort indestructibles ! Le voir là, décédé, étalé, m'a fait intégrer ce qu'il me répétait souvent de façon instantanée. C'était fini.

Je sentais déjà qu'il était autour de moi, à me dire : ***« Désolé, heu... j'ai pas fait exprès ! »***. Je pense que la mort la vraiment surpris, et que la stupéfaction qui se lisait sur son visage était réelle.

C'est fou ! On peut passer d'un corps vivant mou, chaud, qui court un marathon, visage rouge, dégoulinant de transpiration... à un corps froid, raide, dur, bleu, sans émotion, et ce en l'espace de deux heures. Son esprit n'était plus dedans, je le savais, je le sentais.

> *« Albert est une petite ville de 10 000 habitants, des rues constituées de maisons de briques collées les unes aux autres. Ville typiquement ouvrière, rebâtie après la guerre 14-18 avec ces magnifiques briques rouges d'argile... Un alignement des trois monuments phares de la ville, la gare, la basilique, l'hôtel de ville. L'habitat est très majoritairement constitué de maisons individuelles.*
>
> *La basilique est jolie et a une histoire très intéressante avec la vierge Marie qui tient Jésus à bout de bras, sous forme de statue dorée à l'or fin. En 1915, un obus toucha le dôme soutenant la statue, qui s'inclina, mais resta dans un équilibre précaire et impressionnant. Cet événement donna naissance à une légende : "quand la Vierge d'Albert tombera, la guerre finira" disaient poilus et tommies. La photographie de cette basilique détruite et sa "Vierge penchée" fut envoyée à travers le monde par les soldats à leur famille – en carte postale – et contribua à sa célébrité planétaire. »*

Le dimanche 12 septembre, j'ai ensuite dû me rendre à la gendarmerie nationale de la ville d'Albert (jamais je n'appellerai mon fils Albert !) pour finaliser la déclaration de mort sur voie publique.

J'aime cette expression « mort sur la voie publique ». On est habitués à « ivresse sur la voie publique », mais pas « mort », ça n'arrive pas tous les jours quoi ! Enfin bref, c'est comme ça, il faut des mots, des étiquettes pour tout, même pour ta mort !

Un gendarme très gentil et doux pour l'occasion m'a interrogée dans un bureau, en même temps que Gilles aussi était interrogé dans une autre pièce. Il leur fallait nos témoignages, pour s'assurer que rien de suspect n'était à souligner. Le gendarme m'a demandé si je souhaitais porter plainte ou si j'avais quelque chose à déclarer. Porter plainte contre la Mort ? Franchement, ce jour-là, j'étais tellement sonnée, choquée, abasourdie, que je ne comprenais même pas ce que je faisais là, je ne me demandais d'ailleurs pas ce que je faisais là du reste! La planète s'était arrêtée de tourner sur elle-même ! Je me sentais tel un insecte, un microbe, je me sentais si petite, si impuissante face à la Mort.

... INTERROGATOIRE FBI

Ses questions étaient du type :

- *Mademoiselle, quel lien aviez-vous avec Monsieur Dutrand ?*
- *Bah, je suis sa partenaire de Pacs, on vit ensemble, on se connaît depuis 7 ans.*
- *Prenait-il des stupéfiants ?*
- *Non, bien sûr, pas besoin, il est tellement bien dans sa peau.*

- *A-t-il consommé des stupéfiants la veille du semi-marathon ?*
- *Non, évidemment.*
- *A-t-il déjà consommé des stupéfiants dans sa vie ?*
- *Oui évidemment du cannabis à l'adolescence, mais jamais de drogues dures ; puis un joint une ou deux fois depuis 7 ans qu'on est ensemble pour me relaxer la veille de mon concours de Prof des Écoles. Un copain, sorte de geek informaticien nous avait fourni en herbe pour que je me relaxe à mon épreuve de maths le lendemain, rien de plus.* (Mais pourquoi je lui raconte ma vie à celui-là ?!!)
- *Est-ce que tout se passait bien entre vous ?* (Woh ! ça va loin dans leurs têtes à ces flics !)
- *Bien sûr que oui (*« connard » aurais-je pu ajouter !). *On s'adorait !* Genre, je l'aurais empoisonné la veille, enfin, je ne sais pas ce qu'il cherchait l'agent du FBI !
- *Qu'avez-vous fait hier soir ?*
- *Une soirée entre amis.*
- *Avez-vous bu de l'alcool ?*
- *Oui, un peu, mais assez modérément, on n'était pas ivres, genre deux apéritifs, deux verres de vin.*
- *Son corps partira à Amiens pour une autopsie, c'est la procédure, la mort est assez suspecte pour un jeune de cet âge-là…*
- *OK,* ai-je répondu *; tant qu'à faire, s'il y a un truc à savoir autant le savoir, on ne sait jamais.*

- *Avait-il des problèmes pour faire des exercices physiques ?*
- *Non, sinon il n'aurait pas fait ce semi-marathon de MERDE, il faisait du foot en salle deux fois par semaine, du squash, et en Corse cet été nous avons fait du canyoning, de la via ferrata, de l'escalade, non ce n'était pas un empâté ! Il bougeait !*

Je me sentais déjà coupable. Même si le mec ne faisait que son travail et qu'il n'y avait aucune pointe de jugement dans son regard et sa façon de parler, il semait les premières graines du doute dans mon esprit. C'était son travail.

Trouver une cause, faire des statistiques,... je ne sais pas ce qu'il cherchait... Ouvrir une enquête si besoin, car c'est la procédure, il en était désolé, navré, et honteux de devoir me faire ça le jour de la mort de ma moitié.

Après cet entretien, je me suis demandé si quelqu'un la veille, durant la soirée à la maison, aurait pu mettre une drogue dure dans son verre. Ou encore si quelqu'un aurait pu lui proposer de fumer, ou de prendre un excitant pour le cœur, type extasie. Mon intuition me disait que ces questionnements étaient dénués de sens, je savais qu'Aurélien était pur et qu'il n'avait nul besoin de ce genre de truc ; qu'il était contre ! Un couple que je ne connaissais pas si bien que cela était là, la veille, et, je n'ai pu m'empêcher de demander à ma cousine qui les fréquentait davantage, si à sa connaissance, ils auraient pu éventuellement consommer des trucs bizarres dehors, en cachette. Sa réponse a été : « Non, impossible Carole ». Si ce couple me lit un jour, qu'il ne m'en veuille pas, j'avais juste eu envie d'en avoir le cœur net, ne sachant jamais...

Cette mort relevait tellement de l'incroyable, que je n'excluais pas la possibilité d'une raison incroyable ! Comme pour les juments où je pensais à un empoisonnement…

Quand Aurélien a vu son médecin traitant pour le certificat d'aptitude à courir, la veille du semi-marathon, son cou était un peu bloqué, le médecin lui a donné des anti-inflammatoires. Il en prit un comprimé le samedi, la veille de sa mort. D'après la liste des effets secondaires, pour les personnes ayant déjà des problèmes de cœur, ce médicament peut causer des soucis… Je sais au fond de moi que cela n'a pas causé sa mort, mais je sais aussi que s'il avait eu des problèmes de cœur insoupçonnés, insoupçonnables, depuis sa naissance… combiner ces comprimés avec un effort physique intense n'aurait sûrement pas aidé.

Cette journée du dimanche 12 septembre 2010 a relevé de l'irréel : téléphoner à ses parents qui passaient un dimanche tranquille dans leur maison dans l'Oise, pour leur annoncer que leur fils, leur petit dernier, leur petit rayon de soleil était tout simplement… mort ! Wouhou ! Hum ! Facile à annoncer ! Imaginez bien que ni moi, ni mon entourage (cousines, cousins, présents au marathon…) ne parvenions nous-mêmes à y croire et là, il fallait le dire à sa famille !SITUATION INSENSÉE, ABSURDE, DINGUE, DÉBILE, FAUSSE, BLAGUE, CAUCHEMARDESQUE, INCROYABLE, INVRAISEMBLABLE, INIMAGINABLE ! Ces mots je les ai répétés un milliard de fois cette journée-là, mais ce n'était que le début, j'allais encore les répéter davantage, jusqu'à épuisement complet !

Je culpabilisais déjà d'avoir à leur casser leur journée, leur vie, leur cœur. Je me sentais coupable de l'avoir rencontré, d'avoir emmené leur fils vivre près de cette ville d'Albert où le marathon se déroulait. Coupable de l'avoir présenté à mon cousin avec lequel il s'était décidé à courir ! La culpabilité me traversait déjà l'esprit le 1er jour de sa mort. S'il ne m'avait pas rencontré, il ne serait pas mort... La série des « SI » commençait et allait persister encore des mois durant ! S'il s'était entrainé un peu, il ne serait pas mort. Si nous n'avions pas fait cette soirée la veille, que nous avions mangé léger, il ne serait pas mort... Si l'association du semi-marathon ne l'avait pas accepté à la dernière minute, il ne serait pas mort.

Ce dimanche 12 septembre 2010, ma cousine a téléphoné à une sœur d'Aurélien qui elle-même a téléphoné à ses parents, puis ma sœur m'a emmenée chez ses parents avec mon cousin et ma cousine pour leur expliquer ce qu'il s'était passé. Inutile de vous faire un dessin : pleurs, cris, horreur, incompréhension étaient au rendez-vous. INCENSÉ, DÉBILE, FAUX, BLAGUE, CAUCHEMAR, INCROYABLE, etc. : même réaction que moi, ma cousine, ma sœur.

Sa famille, ses parents, avaient les jambes coupées, ils ne comprenaient même pas ! Le cœur en miette, la colère ! Comme une chute du 15e étage ! Une explosion ! Une bombe nucléaire !

Mes parents finissaient leur séjour dans le sud de la France. Ma sœur leur annonça la nouvelle, et ils revinrent dans les 12 heures, le temps de faire la route.

Ni la famille d'Aurélien, ni mes parents, ni les amis ou les collègues, ne savaient qu'il s'était inscrit à ce marathon. Ce n'était pas dans ses habitudes de courir des marathons, mais c'était dans ses habitudes de se lancer des défis (traverser la Picardie à cheval pendant 13 jours en mode « sac à dos et tente », avec nos chers équidés, ça, c'était Aurélien... Son objectif était de traverser la France en roulotte en empruntant la méridienne verte...) Les défis il adorait ! Sa maman a tout de même très vite compris que la situation ne rimant pas avec les habitudes d'Aurélien, il avait dû y être conduit par son âme. Elle disait : « IL Y A COURU, IL S'EST PRÉCIPITÉ DANS LES BRAS DE LA MORT », et elle avait raison. Sa maman (catholique) avait perdu déjà plusieurs de ses frères de morts insensées, et avait compris que tout était écrit et que notre âme suivait cela. Selon elle, rien ne peut aller à l'encontre de ce qui est « écrit » par Dieu. Après, certains ne croient pas en la destinée, d'autres oui, c'est à chacun de voir !

> « *Je suis sortie de mon corps, je voyais mon fil d'argent me reliant a lui, mes parents étaient dans la chambre d'hôpital où j'étais couchée dans un incubateur branché de partout relié à toutes sortes de machines. Ma mère pleurait et mon père ne disait rien par contre il tenait maman dans ses bras... Je me suis retournée comme pour regarder le plafond, car je me sentais attirée vers le haut et là j'ai vu la lumière avec une grande et douce chaleur qui traversait mon être. Je me suis retrouvée presque instantanément dans un endroit lumineux où tout y était merveilleux, où je ressentais beaucoup d'amour. Il y avait des êtres de lumières autour de moi qui me parlaient et je me sentais très bien, en confiance.* »
>
> *Expérience de Mort Imminente, Anonyme, site Web www.nderf.org/French/*

Évidemment j'ai interrogé tout le monde : Gilles, son voisin, ma cousine, les docteurs en charge de la réanimation... D'après les gens qui couraient avec Aurélien, il a pris son temps, s'arrêtant à chaque stand de distribution de nourriture et de boisson. Il parlait avec l'un et l'autre, pour blaguer, puis il courait de nouveau pour quelques kilomètres, et ainsi de suite… Tout cela dans la bonne humeur, sans se plaindre de quelque douleur ou d'épuisement que ce soit. Il ne se sentait pas épuisé, ne se forçait pas à courir pour la performance, mais juste pour finir le parcours à son rythme. À la fin, les cent derniers mètres il a dû sprinter un peu pour arriver, et la machine appelée « cœur » s'est arrêtée. Il a dit à Gilles : « je ne suis pas bien », puis s'est accroché à son cou, et s'est allongé au sol.

Comme Kanel, notre jument de 400kg, notre Aurélien de 86 kg, 1m87, s'est aussi écroulé juste à cause de son cœur qui a cessé de fonctionner... tiens donc ; en une minute, la machine s'arrête, la « bête » s'écroule ! Quelle fragilité ! Les secours sont arrivés, pompiers, docteurs, et même l'hélicoptère du SAMU. D'après les médecins que j'ai rencontrés après sa mort, l'hélicoptère devait l'emmener à Amiens à l'hôpital, pour la suite des soins. Rien ne laissait croire qu'il allait mourir aussi vite. À la base il y avait de l'espoir, surtout pour un jeune de cet âge. Les secouristes pensaient à un malaise, rien de plus. Les médecins ont tenté la réanimation à plusieurs reprises, mais en vain, le corps de l'invincible Superman avait lâché.

Combien de fois me suis-je demandé si avec de l'argent, on aurait pu réparer son corps et le faire revivre ? Quitte à aller aux USA, ou sur une autre planète, à payer des millions d'euros pour le faire revivre. Je me demandais ce que Bill Gates, Barack Obama, ou Nicolas Sarkozy auraient fait face à une fibrillation cardiaque. Très vite, j'ai réalisé que face à la mort, nul n'est puissant, que nul ne peut rien… Même Michael Jackson a perdu face à la Mort ! Millions, milliards, billions, tu peux tout avoir sur ton compte en banque, tu ne t'achèteras pas un nouveau cœur, si t'es mort, t'es mort ! On va tous au même endroit, et personne n'est plus fort qu'un autre. On nait tous égaux face à la Mort. Avec la Mort, pour une fois, on est tous égaux dans la Vie finalement.

« Fibrillation » : Le cœur se compose de quatre cavités, deux oreillettes et deux ventricules. Les oreillettes reçoivent le sang des veines, et les ventricules envoient le sang dans les artères. La fibrillation auriculaire, contraction anarchique des oreillettes, est un trouble cardiaque fréquent, en particulier chez les sujets âgés de plus de 60 ans.

(Source : « www.santé médecine.net »)

En quelque sorte, il a eu la même mort que Marc-Vivien Foé, un footballeur international camerounais mort sur le terrain en direct à la TV, le 26 juin 2003 à l'âge de 28 ans, d'un accident cardiaque au cours d'un match. Je me rappelle très bien de ce FAIT DIVERS. Cela fait très bizarre de parler de fait divers, mais il est vrai qu'à l'époque, ça en était un. Quand on le vit de près, **c'est un drame.** C'est marrant, mais je ne vois plus l'actualité de la même manière désormais. Je ne regarde plus le journal télévisé du tout, car les faits divers me répugnent. Ce sont des vies qui s'éteignent, des familles détruites… tant de drames humains sont cachés derrière la rubrique des faits divers ! Divers, diversion, divertir !

« Coup de gueule » : (familier) expression d'un mécontentement

Par ailleurs, après la mort d'Aurélien, The journal régional a publié ce « fait divers », « un jeune homme de 28 ans est mort au marathon ! » SCOOP !! En mettant un magnifique cliché de l'équipe qui tentait de réanimer son corps inerte, avec une sorte de bâche tendue, paravent pour cacher la scène. C'était parfait pour ceux qui n'étaient pas sur place pour vivre ce « fait divers » ! Ça tombait bien, car ni moi, ni ses parents, sa famille, ses amis n'étaient là pour assister à cela et Gilles qui courait avec lui et l'a accompagné lorsqu'il s'est écroulé n'a pas eu le temps de prendre des photos avec son smartphone, quel grand dommage ! Si Gilles avait su, il aurait pris des photos et aurait même pu les poster sur les réseaux sociaux ! Dès le lendemain, je suis allée leur exprimer mon mécontentement en leur imposant de publier dans leur journal quelque chose de décent qui ne résume pas la personne que j'aime à un corps étalé derrière une foule de gens et de médecins. Aurélien n'était pas un fait divers qui occupe les lecteurs du dimanche ! Ils ont donc rédigé un nouvel article en décrivant Aurélien non pas comme un homme en train de mourir d'un marathon derrière une bâche, mais un homme joyeux, ouvert, cultivé qui s'est lancé un défi et pour qui la vie était un plaisir !

Oui, très vite j'ai ressenti le besoin de défendre Aurélien pour avoir fait la connerie de mourir, de courir. En effet, des gens dotés d'une grande finesse ont su me sortir très vite et spontanément : « Il aurait dû s'entraîner un peu plus hein… ? » « Pourquoi a-t-il fait cette course sans entrainement hein ? » ; « Les vrais marathoniens, ça ne fait pas un dîner lourd la veille du marathon ! Ça suit un régime strict des semaines en avance, hein… » (oui, en Picardie toutes les phrases finissent par « hein », ce n'est pas un mythe). Genre Aurélien était un abruti fini, un idiot ! Et genre j'avais besoin de remarques m'aidant à renforcer ces regrets, ces reproches que je lui faisais déjà hein ! Non, pas question !

C'est vrai, les marathoniens s'entrainent et ont un régime spécial avant de courir, mais dans tous les cas, je reconfirme, d'après les docteurs, à 28 ans il pouvait le faire sans entrainement, d'autant plus que ce n'était qu'un SEMI-marathon. Oui, sans entrainement et sans mourir cela était possible, il n'a pris aucun risque à la base ! Il n'était pas un kamikaze avec des bombes accrochées autour de la ceinture non plus ! Enfin, un peu de sérieux ! S'il était revenu sain et sauf de ce semi-marathon, on n'aurait pas été surpris de le voir revenir en vie : « Waouh tu n'es pas mort de cette course ! Tu sais que c'était extrêmement dangereux ce que tu as fait ! » Ce n'était pas non plus logique de mourir parce qu'il ne s'est pas entraîné !

Bien sûr, j'y ai pensé qu'il aurait dû s'entraîner, qu'il n'aurait pas dû s'inscrire à ce marathon de merde, que le médecin n'aurait pas dû lui donner un certificat médical la veille, qu'on n'aurait pas dû faire un diner avec des amis, que je n'aurais pas dû tuer les mouches dans la nuit pour le laisser dormir… Bien sûr, j'y ai pensé, mais je n'autorisais pas les gens à dire cela, car rien ne justifiait sa mort ! Rien ! Rien ! Rien à 28 ans ne justifie d'être arraché brutalement à la vie, à ses parents, à ses frères et sœurs tous aînés, à sa conjointe, à ses enfants s'il en avait eu !

Je l'ai fait répéter à Gilles un million de fois ! Aurélien ne s'est plaint de rien, tout allait bien avant qu'il ne déclare qu'il se sentait mal et qu'il ne s'écroule sur le sol en s'agrippant à son cou ; Gilles pensait plutôt à une blague, voire à un petit évanouissement.

Le vide dans la maison s'était très vite installé : un lit vide, une maison qui ne vit plus, une odeur sur son oreiller, c'est tout ce qu'il m'a laissé. Je remettais son parfum de temps à autre sur son oreiller pour que son odeur reste. Après 3 semaines, ses odeurs avaient déjà disparu.

Quand on meurt, on s'évapore, on part comme un coup de fusil et on laisse des odeurs, des souvenirs, des objets. On n'emporte rien. Que son âme, c'est déjà ça !

Le jour de sa mort, sa brosse à dents, son caleçon, les miettes de son petit déjeuner, la maison est restée intacte… Le boxer changé du matin, encore au sol, comme s'il venait de le retirer, la brosse à dent encore mouillée sur le rebord du lavabo, les chaussettes par terre. Une impression qu'il n'était pas possible qu'il soit mort, une impression qu'il reviendrait, mais il fallait à chaque fois se remettre en tête que non, il ne reviendrait pas ! Le tajine qu'il avait cuisiné la veille était encore sur les plaques vitrocéramiques, tout trahissait sa présence, mais sans lui. C'était assez paradoxal. Je pouvais sentir sa présence, comme lorsque quelqu'un quitte sa chaise et la laisse chaude, mais inoccupée ! Un départ rapide, brutal et frais laisse une présence tout en créant un vide immanquable ! La confusion entre absence et présence est constante et inévitable. La mort c'est comme un truc qui vient tout rafler, tout emporter ; on l'imagine avec sa faux, son air malicieux et tout puissant. Oui, la mort c'est plus puissant que tout et le vide qu'elle laisse est horrible et chaotique sur le coup. Heureusement que j'ai vite découvert, qu'il y a plus fort que la mort, la Vie ! Enfin… le dimanche 12 septembre restera le jour le plus horrible de ma vie, une belle tartine de merde, de l'horreur à l'état pur ! La Mort, oui, elle emporte le corps physique, je ne vais pas faire ma petite maline invincible, du style « même pas mal », car j'ai bien souffert, j'ai bien chialé, ça fait mal quand même ! Ça déchire, mais ça s'apprivoise quand on essaie d'aller plus loin pour la comprendre ! En même temps, la Mort n'a pas d'autre technique que la brutalité pour nous emmener. Elle ne peut pas nous prévenir un mois avant avec un courrier en recommandé, et nous emmener tranquillement dans un petit vaisseau spatial avec Mickey et ses amis. Non, elle ne prévient pas, elle vient. C'est la Vie ! Enfin, c'est la Mort !

La Mort, ça me fait penser à un village français appelé « Oradour Sur Glane » où durant la Seconde Guerre mondiale, les nazis sont passés pour tout emporter, tout massacrer, tout tuer, tout torturer, tout gazer. Nous avons visité ce village avec Aurélien. Tout y est resté intact ! C'est comme un musée de la mort, avec les vélos des enfants adossés contre le mur, les outils des gens qui jardinaient encore quelques minutes auparavant étaient toujours là… Un village fantôme qui fait froid dans le dos, qui écœure, qui fait peur, et est encore hanté par les nazis. Tant d'actions inachevées, de gens fauchés en plein élan !

« Élan » est le mot approprié puisqu'il courait, et cela a été stoppé ! Que l'on coure, que l'on mange, que l'on s'appelle Michael Jackson, que l'on soit en train de faire un concert, que l'on soit le Président de la République en train de faire un discours pendant un sommet international, que l'on soit en train de laver son linge, la vaisselle, de prendre un bain avec un sèche-cheveux, que l'on soit assis sur le trône des toilettes... La MORT rafle ! La Mort prend ! La Mort arrête, la Mort fige une action dans l'instant ! Voilà ce qu'était pour moi le jour de sa mort : Oradour Sur Glane ! La rafle ! La bombe ! Le coup de fusil ! Hiroshima ! Pompéi !

2 - Sincères condoléances

« Son sourire, son humour, ses blagues, son éternelle bonne humeur, comme ils vont me manquer ! Un des rares êtres humains que j'ai connus, qui n'était pas mesquin, mais l'honnêteté même ! Il restera pour moi un modèle et une source de bonheur. Il restera à jamais dans mon souvenir. »

K.Q, mot de condoléances à propos d'Aurélien.

Dire que j'ai failli foutre dans le feu de ma cheminée tous ces foutus mots de condoléances ! Quelle foutaise conventionnelle ! Aujourd'hui, le 17 septembre 2013, jour de la Saint-Renaud, nous sommes exactement trois ans jour pour jour après les funérailles d'Aurélien.

Je me suis dit que c'était un bon jour pour faire un saut dans ma mémoire et pour écrire en ce jour très spécial. Afin de trouver l'inspiration et de me replonger dans notre histoire (sans mouchoirs, ni Lexomil, ni cigarettes, enfin juste une !), j'ai rouvert un cahier de condoléances que les collègues, étudiants, proviseur... avaient tenu suite à la mort de mon bien-aimé. J'aime beaucoup le petit paragraphe écrit ci-dessus par l'un de ses collègues que je ne connais guère. Cela résume bien la personnalité d'Aurélien, j'aime bien. Il y a un cahier du lycée rempli de mots, mais aussi le livre d'or des pompes funèbres (nb : pompes, pourquoi pompes funèbres ?), et les centaines de cartes et de mots reçus dans ma boite aux lettres. Des « sincères condoléances » par ci, des « soutiens » par là ; au moins 500 petits mots doux arrivés dans mon courrier ou des mots de ses proches. Ces derniers je les ai cramés pour allumer ma cheminée, car je ne connaissais pas la moitié des gens qui m'avaient envoyé leurs « marques de sympathie », ce truc conventionnel qu'ils font pour « faire bien », mais qui n'aide point ! Des gens qui me disaient qu'ils se joignaient à ma souffrance, qui tentaient « d'adoucir notre souffrance », qui nous envoyaient du courage… Bon, vous m'direz que si je n'avais rien reçu j'aurais peut-être pensé que tout l'monde s'en foutait qu'il soit mort ! Alors OK, je pense que c'est mieux d'en recevoir que pas du tout, mais que savaient-ils au juste de ma souffrance ou de celle de sa mère ?

Faire bien. C'est le maître mot de tout ce qui tourne autour du deuil, des funérailles et des condoléances.

> « Pompe » : *vient du latin pompa (« cortège », « apparat », « procession », « pompe solennelle », « convoi funèbre », « suite », « étalage », « réunion d'objets qu'on transporte ou qu'on promène », « appareil », « magnificence », « éclat », « faste »).*
>
> Wikipedia

Aujourd'hui, un téléphone qui ne sonne que trois fois par semaine… Les doigts d'une main suffisent pour compter les appels, ou les « marques de sympathie » ! Visiblement, on intéresse davantage les gens quand on va mal.

Donc, revenons-en à nos moutons, le 17 septembre 2010, cérémonie de funérailles d'Aurélien, jour de la Saint-Renaud, SON chanteur préféré, coïncidence si vous voulez, mais pas pour moi ! Avant les funérailles, pendant que son corps trônait sur un lit froid dans une chambre, sa famille et moi-même avons dû choisir le déroulement de la cérémonie funèbre. Madame Sauleiman, habitante de mon village, catholique très pratiquante, est venue m'expliquer comment se passait un enterrement. Normalement j'aurai du préparer des cours pour les enfants, pour la reprise du lundi et voici que j'organisais des funérailles ! Intéressant : choisir des prières, des musiques, des textes. « Un rituel codé, normé, conditionné par notre société ! », me suis-je dit, retrouvant mes réflexes d'ancienne étudiante en sociologie et en ethnologie… Cette étape du deuil est cruciale et doit avoir du sens. Vraiment passionnée, mais attristée de faire ma connaissance dans de telles conditions, Madame Sauleiman a été fabuleuse. Je ne souhaitais pas choisir des textes ou autre sans savoir à quoi ils correspondaient dans la Bible, leur signification était capitale. Même défoncée aux médicaments, trois jours après sa mort, il fallait qu'il y ait un sens à toute cette merde ! Pour le choix de son trou aussi il fallait du sens ! J'ai choisi au cimetière un emplacement qui était au calme, pas trop proche de l'entrée, une tombe tranquille, dans un coin. Ce moment du choix de l'emplacement a été le plus insensé de ma vie. Nous étions au cimetière, avec le Maire du village, le grand frère d'Aurélien et je ne sais plus qui d'autre. Se demander où l'on allait **caser** son corps, revenait à chercher à se débarrasser de quelque chose d'encombrant. La pelleteuse était passée dans la semaine pour faire le trou, un beau trou rectangulaire avec de belles parois en ciment ! Je les voyais au loin quand j'empruntais la route départementale pour aller à Albert voir son corps. Je les voyais creuser, oui, creuser un trou et me disait : « tiens donc, ils vont mettre Aurélien dans ce trou ! Et dire qu'il me parlait, respirait, et courrait encore il y a deux jours et que là, on va le mettre dans un trou ! »

C'était tellement inconcevable que j'avais l'impression de l'enterrer vivant !

Pour les novices, il faut savoir qu'un enterrement en France, c'est premièrement environ cinq jours de veille. On va voir et revoir le défunt pour comprendre et assimiler le décès. En parallèle, pour mieux accepter encore, on choisit cercueil et on détermine la taille du trou (biplace ou pas ?... Eh oui, à 26 ans, on m'a demandé si je voulais être dans le même trou lorsque je serai morte ! J'ai préféré refuser, ai dit que j'irai à côté, et ai donc acheté l'emplacement voisin pour réserver ma place avant qu'une personne âgée - ou pas - de mon village ne me la prenne !). On choisit aussi la couleur du coussin, la couleur du tissu dans la boiboite magique, la forme de la pierre tombale... Alors là, je me suis lâchée ! Youpi ! Rien à voir avec les pierres tombales type Halloween, ou type « Pépé, Mémé », mais deux pointes de couleur grise reliées par une boule, pour moi symbole des deux êtres séparés, reliés par une même énergie : la sphère. J'ai tout de suite eu un coup de cœur pour cette pierre tombale qui sortait de l'ordinaire ! Mais non je rigole : j'ai juste trouvé ce modèle plutôt esthétique, c'est tout !

Voilà, ça c'était l'étape « choix du matos » ; après il faut choisir comment la cérémonie tant attendue va se dérouler. Une Macarena ? Non pas possible ! Claude François ? Non plus ! Dommage car on aimait délirer là-dessus ! Notre fameuse Mme Sauleiman, m'a gentiment aiguillée pour organiser la messe. Ceux qui voulaient parler une dernière fois le pouvaient, donc poèmes, petits textes crées, musiques...

C'est un dernier tout, un dernier hommage, un dernier regard, un dernier au revoir, on met une dernière fois la dernière musique, on parle une dernière fois de sa dernière vie… Bref, le jour D comme DERNIER ! Bien sûr au niveau conventionnel, sociologique et « funeraillique » du terme ! Pas pour les autres niveaux !

Le jour J (enfin le jour D), nous devions nous rendre à Albert pour voir son corps une dernière fois, afin que ceux qui le souhaitaient puissent mieux réaliser et assimiler que « putain de merde c'est pas possible il est mooooort !!! ».

Ceux qui le désiraient pouvaient aussi assister à - **la cerise sur le gâteau - le « fermage » du cercueil** ! La mise en bière ! (Ne me demandez pas pourquoi ça s'appelle comme ça ! Aurélien aimait la bière, mais, voilà, je ne sais pas pourquoi « la mise en bière » ! C'est drôle pour une fois !)

> *« La mise en bière est l'opération qu'effectuent les pompes funèbres en plaçant le corps d'un défunt dans sa bière, c'est-à-dire son cercueil, avant sa fermeture puis la levée du corps. La mise en bière, fait de placer un mort dans un cercueil et de l'y enfermer, a une origine étymologique complètement différente de celle de la boisson. Le mot bière dans cette expression est issu du francisque "bëra", civière (XIème siècle) »*
>
> *Wikipedia*

Donc à cette étape, on peut avoir « la chance » de voir le corps du défunt dans son cercueil, pour bien l'associer au cercueil, au trou, à la boiboite, à la mort définitive. Allez, on s'en remet une louche ! Je n'ai pas souhaité assister à cela, vous l'aurez compris. Je ne suis pas masochiste, la douleur était assez forte, l'automutilation ce n'est pas pour moi. Je respecte ceux de la famille qui ont souhaité voir cela, **je suppose que cela les a aidé à croire l'incroyable !** Mais on a aussi le droit de refuser d'y croire dans un premier temps, c'est trop dangereux de se mettre tout cela dans la tête si vite. On a tout le temps pour y croire, vraiment tout le temps… C'est d'ailleurs la seule chose que l'on a. L'unique.

La mise en bière se déroule de la manière suivante : on contemple le corps dans le cercueil, on fait un gros bisou sur la joue froide et dure (puant le formol) puis on quitte la pièce. Ensuite, les officiants prennent la visseuse et ferment hermétiquement cette boite pour bien emprisonner le corps qui - on ne sait jamais - pourrait se sauver. Je me suis demandé pourquoi mettre tant de vis... De l'autre côté de la porte, on peut entendre les bruits de la visseuse ! C'est agréable ! Toute la famille et les amis sont ensuite réunis (cette fois-ci !) pour suivre le cortège jusqu'au village où se déroulera l'enterrement. Certains curieux, n'ayant pas côtoyé Aurélien plus d'une fois dans leurs vies, mais sans doute en quête de spectacle, m'ont demandé de voir le corps d'Aurélien décédé, tout en mâchouillant leur chewing-gum. Vous devinerez facilement comment je les ai reçus…

Étymologie du mot « corbillard » qui m'intrigue tant :

« Au Moyen Âge, Paris dépendait pour son ravitaillement en céréales, vin, bois et matériaux de construction de plusieurs ports, dont celui de Corbeil-Essonnes. Le transport s'effectuait dans des bateaux à fond plat, nommés (de par leur provenance) "Corbeillards". Durant l'épidémie de peste, ces ba-

teaux servirent à évacuer les morts de la capitale et leur nom fut déformé par les Parisiens en "Corbillard", terme repris ensuite par tous les locuteurs du français. »

Wikipédia

Toutes les voitures se suivent. Les proches du défunt sont juste derrière le corbillard. Ce joli véhicule aux vitres finement teintées et ayant la capacité d'accueillir un cercueil et des fleurs, est conduit par un type vétu d'un costard-cravate. Le corbillard peut accuuillir trois passagers... on se demande bien de quoi ils peuvent discuter dans leur camion réfrigéré ? Peut-être écoutent-ils un bon rap américain ou même de la salsa...?

Ces personnes sont bien sûr indispensables, même si je suis sarcastique lorsque j'en parle... Il faut dire qu'avec Aurélien, nous aimions rire de tout ! On avait même un jour imaginé qu'avec ma Laguna Nevada à fond plat, pas classe du tout, ce serait une chouette reconversion professionnelle de faire du transport de corps. Genre : « tu pourrais faire corbillard avec ta voiture ! ». Nous rigolions à l'idée que j'aurais pu faire « pompes funèbres discount », pas cher, accessible à tous et si pratique ! Des cercueils en palettes de bois, à 50 €, un transport Country en tracteur ou en Laguna, ou encore tiré par les chevaux, un enterrement rigolo, simple et pas cher ! Fin de l'aparté, nous voilà qui suivons le corbillard jusqu'à mon village, Maricourt. À l'arrivée à l'Église... il y avait un bus ! Les élèves d'Aurélien avaient carrément affrété un bus pour pouvoir venir ! Il y avait des voitures plein le village, il faisait un vrai carton ce décès ! Waouh !

Ce dont je me souviens aujourd'hui, le 17 septembre 2013, trois ans après, c'est de tous ces regards de pitié, de tristesse, de compassion, rivés sur moi et sur la maman d'Aurélien ! Nous étions dignes, ne souhaitant pas nous donner en spectacle devant des centaines d'inconnus que nous n'avions jamais vus et que nous ne reverrions plus jamais ! Je tenais son sweat bleu dans mes mains, ce sweat que je ne quitte d'ailleurs jamais, encore aujourd'hui, et qu'il avait acheté en Grèce avec sa maman. L'église était pleine à craquer, il y avait des centaines de personnes, (que des jeunes !). C'est rare de voir autant de jeunes à des obsèques ! Normal, il était jeune lui là-bas dans le cercueil ! Les gens prirent place dans l'église, pendant que mes partents disposaient les fleurs fraiches... Puis les croques-mort (croque-mort, en voilà encore une belle expression moyenâgeuse !) apportèrent le cercueil.

Le prêtre, l'Abbé, était là. Des choristes aussi, dont Madame Sauleiman ; elle aimait chanter dans les messes, mais là, je sentais que ce n'était pas du tout un plaisir pour elle d'accompagner le départ d'un jeune de 28 ans. Il y avait tous les gens du village, tout Amiens, tout son lycée, tous ses amis d'enfance, toute sa famille, mes amis d'enfance à moi aussi qui ne le connaissaient pas, mais venaient pour moi... (oui, j'ai oublié de préciser, mais lors d'une telle cérémonie, des gens viennent parfois sans même avoir connu le défunt de son vivant. Ils viennent pour soutenir la famille du défunt), il y avait donc des amis, des cousins, des amis de mon enfance, des amis de mes parents, des amis des amis des amis (pour Aurélien, de parfaits inconnus). Je ne critique pas, je constate mais pour ma part, je ne vais jamais à des funérailles de gens que je n'ai pas connu vivants. Quand on ne connait pas la personne, je ne vois pas l'intérêt d'assister à la cérémonie la plus importante de sa vie, ou plutôt de sa mort. Iriez-vous au mariage ou au baptême de quelqu'un que vous ne connaissez pas ?! Ce sont encore des conventions, selon moi.

Mes souvenirs ne sont pas très clairs, mais je sais que l'Abbé a tout déchiré ! Belle performance : il était bon, il était paisible, il nous reconnectait, alors que pour lui non plus, ce n'était pas habituel de célébrer une messe pour la mort d'un si jeune homme. Il était incroyable ! Il m'a fait m'envoler avec Aurélien, avec Dieu, l'Univers, Jésus (sacré Jésus !). Une phrase qu'il a prononcée, me restera à vie : « Pour l'âme, ce n'est pas la quantité qui compte, mais la qualité de la vie ». Aurélien a eu une vie de qualité jusqu'au bout, et c'est ce qui compte. On peut vivre jusqu'à 89 ans sans jamais n'avoir rien compris à la vie, et dans ce cas, c'est presque une vie pour rien ; Lui savait !

Je n'ai pas pleuré, je me dissimulais dans la veste bleue d'Aurélien, je le sentais avec moi ; sa mère aussi m'a dit cela. Nous, les proches, étions assis au premier rang, près du cercueil orné de fleurs. Les places VIP quoi ! Car oui, il y a une sorte de hiérarchie des places, tant pour le convoi en voiture, que pour les places dans l'église. Je trouve ça ridicule !

J'ai détesté le côté normé et convenu des obsèques ! Tout était tellement rodé, scénarisé, comme pour une pièce de théâtre.

Entre deux interventions du prêtre, les proches qui le souhaitaient purent lire un texte au micro, réciter un poéme ou improviser un hommage en free-style !

Voilà ce qui m'inspirait pour ce jour-là, un texte de Benoit Marchon, choix assez classique pour un enterrement (un peu comme l'est « La danse des Canards » pour un mariage) !

Quelqu'un qui meurt,
Et c'est comme des pas
Qui s'arrêtent.
Mais si c'était un départ
Pour un nouveau voyage...

Quelqu'un qui meurt,
Et c'est comme une porte
Qui claque.
Mais si c'était un passage
S'ouvrant sur d'autres paysages...

Quelqu'un qui meurt,
Et c'est comme un arbre
Qui tombe,
Mais si c'était une graine
Germant dans une terre nouvelle...

Quelqu'un meurt,
Et c'est comme un silence
Qui hurle.
Mais s'il nous aidait à entendre
La fragile musique de la vie.

Je ne savais pas que j'allais saisir un jour le sens de ce texte... Je ne savais pas qu'un jour, oui, la mort allait me faire comprendre « la fragile musique de la vie » ! Le hasard m'a fait choisir ce texte, évidemment les ouvertures positives à chaque fin de strophes m'ont attirée vers ce texte.

Après les discours et les poèmes il fallut bénir le corps. Tous les gens présents dans l'église passèrent autour du cercueil, et avec une tige en laiton, firent un signe de croix sur la boiboite. Un rituel comme un autre...

Quand ce fut le tour de ses élèves du lycée, qui étaient à peine plus jeunes que lui, l'émotion fut palpable. Ils déposèrent chacun une rose blanche sur le cercueil. Après leur passage, une centaine de roses blanches trônaient sur le cercueil. Nous avions choisi 4 morceaux de musique - pour ma part du reggae - qui devaient passer tout au long de la bénédiction, mais ces quatre musiques ne furent pas suffisantes à couvrir ce moment tant étaient nombreuses les personnes venues assister au grand départ, et faire à Aurélien un dernier au revoir.

Pour moi, pas de dernier au revoir, j'étais triste, mais je le sentais déjà auprès de moi...

Par contre, chaque fois que quelqu'un bénissait le cercueil, il passait ensuite devant nous, les proches, qui étions installés au premier rang pour nous adresser leurs condoléances. Là ce fut vraiment horrible et certains allèrent même jusqu'à s'accrocher à mon cou !

Sans doute attendaient-ils de me voir m'effondrer en pleurs, mais non ! Aurélien m'avait donné ce courage de rester cachée derrière sa veste bleue. Je me cachais derrière cette veste afin d'éviter les regards de ces crevards en manque de spectacle ! Oui, c'est véritablement ce que je ressentais à ce moment précis. L'impression qu'une scène bien dramatique aurait été la bienvenue ! Mais « Non, ils ne me verraient pas pleurer ! Non ! Qu'ils allument leurs télés et ils en verront du malheur s'ils en veulent, mais pas ici, non ! ». La maman d'Aurélien, et tous les proches sont restés dignes, il n'y eut pas d'effondrement spectaculaire, de pleurs, de cris. Certains des participants eurent la décence, la politesse de passer devant nous tête baissée. Eux étaient là pour lui, et pas pour nous voir en pleurs, ni pour assister une scène dramatique, pas pour le show. D'autres essayaient par contre de se repaître de notre malheur ! Je les sentais qui se disaient « Quelle tristesse, quel malheur, cette pauvre fille qui a perdu son copain si jeune, cette pauvre maman qui a perdu son fils... Si j'étais à sa place ! »... Une ancienne habitante de mon village m'a pressé la tête comme un citron en pleurant et en disant : « Ma pauvre Carole ! Ma pauvre petite ! », j'ai détesté ce manque de tact, cette mise en scène, cette tristesse feinte (même son petit orteil ne perçoit pas une once de tristesse) ! Cette fille que je ne voyais que deux fois par an dans un restaurant m'a caressé la tête, qui était pourtant cachée derrière la veste d'Aurélien ! Je me rappelle avoir repoussé sa main. Souvenez-vous, je ne suis pas tactile !

Ces gens-là faisaient peut-être preuve de tristesse et de compassion mais ils projetaient surtout leurs propres vies sur la mienne, sur les nôtres. Ils pleuraient parce qu'ils réalisaient que la vie peut être dure, et que cela pouvait aussi leur arriver. Ils pleuraient parce qu'ils avaient peur. Pas parce qu'Aurélien les avait quittés, non, ils ne le connaissaient guère ! Ils ne pleuraient pas parce qu'il allait falloir s'y faire, à cette vie pourrie sans lui. Ils pleuraient comme quand on pleure à la fin d'un film triste. Ça dure deux minutes, puis on se remet à ses occupations, en gardant juste à l'esprit la crainte que cela ne nous arrive.

Finissons-en avec les funérailles, vite ! Les porteurs sont les premiers à sortir de l'église avec le cercueil. Ils le mettent dans le corbillard qui commence à rouler en direction du cimetière, suffisamment lentement pour que les personnes le suivent en procession. Nous sommes sortis les derniers de l'église. Tous les gens qui attendaient dehors... ça m'a fait penser à une haie d'honneur. Une petite ola aurait été sympa, non ? « Encore des regards, trop de regards, ils nous épient, ils nous dévisagent, ils ne savent pas regarder leurs pieds ! Un peu d'intimité merde !! »

Je regardais son cercueil dans le corbillard, « **C'est pas possible, tu n'es pas là-dedans, heureusement, tu as ton téléphone, au cas où tu te réveilles !** »

A l'arrivée au cimetière, le mec des pompes funèbres a lu un texte formidable de Martin Gray qui s'intitule *« Être fidèle à ceux qui sont morts » (« ce n'est pas s'enfermer dans la douleur [...] c'est vivre comme ils auraient vécu »)*, et je me suis esquivée. Je ne voulais pas voir le cercueil dans le trou. Tout comme pour la mise en bière, nul besoin d'en rajouter une louche, pas de masochisme mais plutôt le désir d'éviter de corréler Aurélien avec « trou » ou « caveau ». Ce n'était pas en faisant cela que j'allais le ramener, le ressusciter, aller mieux, ni me connecter à lui... Je savais qu'en me ramenant à l'aspect matériel et physique de la mort, je n'allais pas me connecter à l'aspect spirituel.

Dernière étape : toutes les personnes présentes sont invitées à boire un verre dans la salle communale (la salle des fêtes quoi, youhou !). Cela m'a fait un drôle d'effet ! Passer sans transition de la mise en bière et de l'inhumation à une séquence « Allons boire un coup ensemble ! »

On aurait pas pu faire tourner les serviettes tant qu'on y était non ? Moi, je n'avais qu'une envie, rentrer chez moi pour hurler de toutes mes forces et me tirer une balle tout de suite ! Comme ça, ça aurait été plié !

Ce soir-là et les jours d'après, sa famille est allée voir et revoir son caveau bouché d'une plaque et recouvert d'une montagne de fleurs. Pas moi.

Le soir de l'enterrement, je me suis sentie soulagée de ne plus avoir à contempler son corps puant le formol, et de ne plus être dans l'attente et les préparatifs de cette cérémonie si compliquée. Je comprenais que cette lourde étape des funérailles était passée, mais ne réalisait pas réellement et vivais comme si tout cela n'était qu'un film. Ce ne pouvait pas être de ma vie qu'il s'agissait... Tout me semblait irréel, j'avais l'impression d'être dans une autre dimension, de vivre un cauchemar, ou un rêve éveillé. C'était fini. Pour toujours.

Maintenant pouvait commencer « le travail de deuil ». Il allait bien falloir avaler le morceau !

Tous ces rites autour du corps semblaient destinés à se débarasser du corps gentimment, comme pour se donner bonne conscience. C'était fait, nous étions débarrassés de ce corps ! De toute façon, nous n'allions pas l'empailler ou le garder sous verre !

Le deuil allait pouvoir commencer maintenant, le vrai !

Finie la mise en scène, place au réel !

Chapitre 4

L'AMOUR SANS FRONTIÈRES

« Qu'est-ce, en effet, que craindre la mort, citoyens, sinon se prétendre en possession d'un savoir que l'on n'a point ? En définitive, cela revient à prétendre savoir ce que l'on ne sait point. Car personne ne sait ce qu'est la mort, ni même si elle ne se trouve pas être pour l'homme le plus grand des biens, et pourtant les gens la craignent comme s'ils savaient parfaitement qu'il s'agit du plus grand des malheurs. »

Socrate.

1- Les mémoires d'une âme

Pendant presque 2 ans, j'ai tenu des cahiers où je déversais tout ce qui me passait par la tête ainsi que mes nombreux rêves. Mon but à l'époque était juste de me rappeler des signes qu'Aurélien me faisait, et de lui parler aussi. Par l'écrit, je sentais que je me connectais à lui davantage. Mon intuition me disait d'écrire, et Lui là-haut aussi !

Parfois, je m'abstiendrai d'écrire durant des jours ou des semaines ayant l'impression de réécrire les mêmes phrases, de poser les mêmes questions, de retranscrire les mêmes souffrances, le même calvaire.

Je prends mon souffle, j'inspire à fond, car ce n'est pas chose facile de rouvrir ces cahiers après trois années. Je ne sais même plus comment je me sentais précisément, lorsque j'ai décidé d'avancer et de ne plus me remémorer tout cela… mais pour ce récit, je sais que je dois me replonger dedans, on me l'a dit là-haut !

Je ne les avais jamais relus. Ces cahiers étaient soigneusement fermés avec du ruban adhésif afin que personne ne puisse lire certains passages très personnels, et aussi afin de refermer à jamais le pire épisode de ma vie. Quand j'y pense, heureusement que j'ai rouvert ces cahiers, ils contiennent tellement de belles révélations, de beaux messages, tachés bien sûr, de mes larmes de souffrance…

« Ma vie s'est arrêtée le dimanche 12 septembre, tu as décidé d'aller courir un semi-marathon de merde de 21 km à Albert. Tu es parti le dimanche matin vers 8 h 15, je t'ai dit qu'il pleuvait, mais tu as voulu y aller quand même, tu m'as dit qu'un imperméable ferait l'affaire. Vers 12h, je me lève, Natacha, ma cousine d'Albert, sonne sur mon téléphone et me dit d'ouvrir la porte d'entrée. Résultat : on m'annonce que ta vie et la mienne sont finies. Tu t'es écroulé à la fin de la course, tu as peut-être voulu la finir. Je ne comprends pas, tu avais confiance en toi, tu croyais y arriver, ton corps selon toi pouvait le faire. Ton esprit pouvait et pas ton corps, mais tu ne le savais pas. Tu es quelqu'un de censé, tu n'avais pas pour but de gagner, mais de participer ! Participer, le faire c'est tout ! Un défi rien d'autre, même en marchant tu m'avais dit que tu l'aurais fait ! Je t'en veux un peu parfois, même si je sais que tu m'aimais et que tu n'as pas voulu un instant me faire pleurer ; même une larme tu n'aurais pas voulu !

Depuis le 12 septembre, je suis sonnée, choquée, je n'ai pu y croire pendant des jours, puis j'ai compris que c'était vrai et pas impossible malheureusement.

IMPOSSIBLE : je me le suis dit un milliard de fois, et même à voix haute, toi Aurélien, le Superman, comme disait ton ami Teddy, prof de philo, toi l'invincible, toi qui ne te plains jamais, "tu ne PEUX PAS MOURIR !!"

Je comprends que tu es mort, mais on ne peut pas se séparer, c'est pas possible, rien ne peut nous séparer.

Chaque matin, je me lève et je m'impose la réalité, le temps est devenu mon ennemi, je ne veux pas que le temps passe, car j'ai peur qu'il m'éloigne de toi et de ces années passées ensemble. À la fois, je sais que seul le temps me fera cicatriser, mais il ne me fera jamais oublier.

OUBLIER : je ne veux pas, je refuse, d'évoluer, je veux rester près de toi toujours ; je suis condamnée à vivre sans toi, donc sans oxygène, sans bras, sans jambes, je souffre. Une douleur intense ; personne ne peut la ressentir.

Nous, c'était différent, tu le sais, il n'y a que nous deux qui le savons, nous sommes et serons toujours des âmes sœurs inséparables. Nous nous retrouverons c'est sûr. J'écris, car je ne peux pas te parler, il y a toujours du monde dans notre maison, je leur ai expliqué, à mes parents et à d'autres, ils savent que c'était fort entre nous, très fort, une force indescriptible. Personne ne peut se mettre à ma place, ils ne savent pas même s'ils comprennent.

Je sais qu'on se retrouvera, mais quand ? Comment ? Sous quelle apparence ?

Je suis esclave de ma vie, je me résigne chaque jour après des heures à me rebeller mentalement, à ne pas vouloir y croire, à refuser cette réalité de merde. Accepter ta mort, je ne peux pas, accepter la séparation, je NE PEUX PAS !!!

C'est débile, mais je me compare à un poulain non débourré que l'on attrape et à qui on impose une vie, une soumission, je ne peux me soumettre, puis, je me résigne, comme le poulain, je suis condamnée à vivre ainsi, sans toi.

Quelque chose de grand et de puissant m'impose cela, je dois me soumettre, me résigner !

Mais où es-tu ? Es-tu bien ? Avec qui ? On se reverra ? Dans combien de temps ? 80 ans ? Dans 10 vies ? NON !! C'est trop long ! Et si c'était ta dernière vie ? Si l'on se retrouve dans plusieurs vies ? J'ai peur !!!

Tu es si extraordinaire que tu as dû sûrement avoir plusieurs vies durant lesquelles tu t'es enrichi, amélioré, et as évolué, ce qui fait que tu es parfait, bon, le bien c'est toi ! Mais pourvu que tu aies encore d'autres vies, et que l'on se revoie. Quelle apparence auras-tu ? Où nous retrouverons-nous ? Certains ne trouvent jamais leur moitié ! Je veux savoir !! Même si le mystère est obligatoire, car personne ne prouvera quoi que ce soit sur la mort et l'après-vie. C'est à moi seule de croire ou de ne pas croire les différentes expériences que j'ai eues !

Je sais que ce n'est pas ce que tu voulais, mais je souffre le martyr extrême, et sans toi où est le sens de ma vie ? Je t'adore, je t'aime, tu es ma vie, mon être, mon oxygène, je t'aime, je t'attends, tu m'attends, on s'attend. »

Ce jour-là, le 12 septembre, mon téléphone portable n'avait plus de batterie, je l'ai rallumé en fin de journée, ou peut être le lendemain du semi-marathon. Et là, des messages se sont affichés, des messages de Natacha qui assistait à l'événement : « Ton mec va crever, il est trempé de sueur ! » Entre moi, Natacha et Aurélien, c'est le type de langage que nous employions, un langage cru et rigolo pour nous, plein de dérision, un humour sans limites. Enfin, rien de bien méchant. Sauf que, Natacha ne pensait pas que son message était en fait une vision un peu crue du futur… et surtout qu'il allait être lu après la mort d'Aurélien. Mais ne pensez pas que cela était vrai au moment où elle a écrit, c'était juste une façon de me dire que son mari Gilles et mon Aurélien courraient bien et en bavaient un peu, c'est tout ! Le truc, c'est que CE message m'a fait douter ! Douter du degré de vérité de la version de Natacha et de Gilles qui prétendaient qu'Aurélien s'amusait tranquillement sans se forcer, et qu'il marchait beaucoup, sans trop se donner, sans trop souffrir de cette course ! Ne m'en voulez pas si vous me lisez un jour, le doute était normal, pour tenter d'expliquer l'inexplicable.

Dimanche 26 septembre : les débuts de l'introspection

« Quatorze jours après ta mort.

Je ne peux pas dire que je vois le temps passer, j'ai l'impression que depuis que tu es parti, il n'y a eu qu'un seul long, grand, interminable jour que je nomme CAUCHEMAR !!!!

Ma vie est vide. Personne ne sait, mais c'est vide à en crever !

Même calvaire tous les matins.

Regrets toujours et encore : de s'être plainte pour un oui ou pour un non pendant ces sacrées années passées ensemble ; de t'avoir pourri la vie à me poser trop de questions alors que le bonheur était là ! De toujours en avoir voulu plus alors que là je n'ai besoin de rien d'autre que TOI !

Je pourrais vivre sous les ponts avec toi s'il fallait choisir. Mais je suis tellement conne que si nous avions vécu sous les ponts sans avoir eu cette épreuve de la mort, je ne me serais pas rendu compte de la chance que j'avais d'être avec toi sous les ponts, j'aurais voulu des artifices.

Il faut vivre cette horrible, saloperie, d'injuste mort pour comprendre le sens de la vie.

Le sens de la Vie, je peux maintenant le définir : AIMER.

Cette nuit, j'ai entendu ta voix, tu es venu dans un rêve me dire "TOUJOURS VIE SIMPLE", "TOUJOURS VIE SIMPLE", "TOUJOURS VIE SIMPLE". Mon corps tremblait, je sentais quelque chose entrer dans ma tête et ça me faisait vibrer, quelque chose de blanc lumineux est apparu. Cela ressemblait à un visage, très lumineux, je pouvais distinguer des yeux très brillants, un regard d'une profondeur envoutante. Je sais que c'est une connexion avec toi, je sais que ce n'est pas ordinaire, c'est extraordinaire, je me suis sentie vibrer, trembler. Je me suis réveillée trempée de sueur, je savais que c'était toi, je le savais un point c'est tout ! Tu as voulu me rappeler que je dois apprécier une vie simple pour toujours, c'est tout ! C'est ça la vie !

En fait, quand il n'y a rien d'incroyable dans la vie, quand la vie paraît simple, c'est que ça va et qu'il faut l'apprécier ! C'est juste qu'on s'est endormis et qu'il faut se réveiller. Il ne faut rien attendre à part la rencontre de son âme jumelle, de sa moitié ou de toute forme d'amour. TOI tu SAVAIS DÉJÀ ÇA ! Je t'écoutais, mais j'en voulais toujours plus. Je n'avais pas les bonnes valeurs de la vie, toi oui. Pourquoi savais-tu déjà ?

Seuls les gens qui ont vécu plein d'atroces épreuves peuvent le savoir. As-tu déjà vécu d'atroces épreuves dans d'autres vies ou à travers les épreuves que ta mère a traversées ? Car déjà comprendre ceci à 28 ans c'est rare…

Tu n'étais pas piégé dans la société de consommation où le matériel prime, où il faut toujours plus plus plus ! Tu savais ! Toi, tu étais conscient du sens de la vie !

À cause de cette épreuve, je comprends, mais j'aurai toujours un manque, toute ma vie, de toi, de ta présence, de tes phrases (ancrées en moi), ton sourire, ta vision de la vie. J'ai eu beaucoup de chance d'avoir partagé sept années avec toi, c'était trop court, mais je l'ai vécu au moins ! J'espère t'avoir apporté un peu de choses sur terre, car toi tu m'as fait évoluer, m'as conseillée, aidée ; mais moi ? Qu'ai-je fait pour toi ? Je me sens inutile. Je n'ai fait que de me plaindre !

Me rendre heureuse te rendait heureux si j'ai bien compris, ah ? OK, je comprends ! »

C'est en lui écrivant dans ce cahier que les réponses me venaient, parfois de lui, parfois de moi. Quand c'est de lui, j'acquiesce, comme « ah OK, je comprends ». Il s'agit parfois de conversations avec lui. Je pose une question, et la réponse me vient instantanément, et je sens qu'elle ne vient pas de moi, mais bien d'une source extérieure à moi même !

« Je suis vidée, je n'ai qu'un corps qui fonctionne, ma moitié est partie, je n'ai rien en moi, rien, que des souvenirs, c'est déjà bien, mais je reste bloquée à cette date où ton inconscient t'a dit d'aller courir pour mourir. C'est franchement trop con ! Les meilleurs souvenirs, nos meilleures années, mon paradis, ma personnalité, mes rires, mes p'tits problèmes à deux balles tout ça est évaporé ! Ça a disparu !

VIDÉE, je suis vidée. EMMÈNE-MOI AVEC TOI !! Mon âme est partie avec toi.

Partir, mourir : je ne le ferai pas, c'est interdit de le faire volontairement, faire mal aux autres, c'est inadmissible de le faire, c'est une torture pour les autres ! C'est égoïste. Dis-moi juste que quelque chose m'emportera aussi, je n'ai pas peur de souffrir, je souffre déjà ! Ce n'est pas la souffrance physique qui me fait peur ! Le principal est de se retrouver pour toujours. Je ne suis pas méchante, toi non plus, tu es bon, tu sais que je ne le ferai pas, mais si je te rejoins, tant mieux dirons-nous. Mes parents, je ne veux pas leur faire ce mal atroce... Quand je vois l'état de tes parents, je me dis que je n'infligerai pas cela volontairement aux miens.

Je t'aimerai toujours, sache-le, même si je fais semblant d'aller bien, un jour peut-être, c'est toi qui seras en moi pour toujours, je serai écorchée toute ma vie. Maintenant, faut que ça passe vite, car ça va être long sans toi !

Le temps est mon ennemi. Une dame du village qui a perdu son mari brutalement lors de vacances dans les îles il y a quelques années m'a dit : "laisse faire le temps". Je sais que la blessure sera moins douloureuse peu à peu, mais elle sera toujours là. Un handicapé sans jambes fera sans ses jambes, mais avouons-le ce sera toujours merdique pour lui ! Pareil pour moi, sans oxygène, sans ma moitié, c'est comme ne plus avoir d'esprit, donc comme la personne sans ses jambes, elle fait "avec", mais elle fait "sans", c'est survivre, s'adapter, SUBIR !!!

Dis-moi que des moitiés se retrouveront toujours. On est des âmes sœurs rien ne peut nous séparer, le lien est là, je le sais, mais... comment en être sûre ? Où es-tu ? »

2 - Mon étoile

Ce besoin de communiquer s'est très vite fait sentir comme vital, instinctif et naturel. Je savais depuis bien longtemps qu'après la Mort rien n'était fini ! Je savais que tout commençait dans une autre dimension. J'ai douté, bien sûr. Cependant, l'existence de l'au-delà a toujours été logique pour moi ; notamment grâce à mes quelques expériences passées après la mort de Filipe, mon ami d'enfance, après la mort de mon grand-père aussi...

« Peux-tu me le faire ressentir qu'il y a quelque chose après la vie ? Je ne fais peux être pas le nécessaire non plus ? Il ne faut pas que je t'en demande trop non plus ! Mon Superman, je compte encore trop sur toi, mais je ressens que c'est peut-être l'inverse, c'est peut-être moi qui dois faire un pas vers toi. Il n'y a pas qu'à toi que revient la tâche. Je vais essayer aussi d'aller vers toi ! C'est sûrement dur aussi pour toi de ne pas te faire entendre, de me voir pleurer, d'être séparés physiquement ! Que dois-je faire pour t'aider à entrer en contact avec moi ? Y croire et le vouloir ! Première chose ! D'accord, je vois ! **Croire intimement est la clé**. »

Encore une réponse spontanée qu'il me donne, j'écris mes réflexions et la réponse arrive, et je ne peux l'expliquer, je sais profondément que c'est de lui.

« Je vais me renseigner pour t'aider, tu n'es pas le seul à devoir tout tenter, moi aussi j'ai un rôle, je suis égoïste, je ne compte que sur toi. Moi aussi je vais tenter OK ?

Première étape : arrêter de culpabiliser pour arriver à une souffrance plus sereine dans mon esprit.

Deuxième étape : éliminer tout ce qui nous parasite pour que le lien continue, c'est à dire pas trop de monde partout dans la maison, se recueillir seule, et essayer de sortir de mon corps pour aller là-bas sans mourir !

Troisième étape : entendre ce que tu as à me dire, te ressentir auprès de moi ; pour ainsi, ne jamais se quitter, si tu pars dans l'autre monde, ne reste jamais loin de moi.

On y croit tous les deux, on va y arriver !!

Doute : on croit pouvoir tout contrôler, mais peut être que ce n'est pas possible, deux mondes différents, deux âmes très liées, le lien continu, mais "communiquer", on ne le peut peut-être pas... Je crois que si pourtant, ceci dit, toi, tu n'as pas ton corps qui est là comme outil pour y parvenir... »

Je tourne la page de mon cahier de l'époque pour arriver au lundi 27 septembre, et sachez bien qu'en haut des pages, il y a plein de notes écrites en vrac, je vais les citer, cela pourra aussi montrer les autres aspects de la réalité à peine deux semaines après sa mort, voici donc les notes en question : *« appeler secrétariat SMUR, urgences SAMU, au bout du parking, certificats, médecins responsables SAMU 80, justifier liens avec Aurél' » ;* ceci correspond à un échantillon des appels que j'ai dû passer pour obtenir un certificat de mort sur la voie publique, émanant des docteurs qui ont tenté la réanimation et constaté le décès.

Alors que j'essayais d'avancer à d'autres niveaux, de parler de communication avec lui, de réincarnation, de cheminements sur la Vie elle-même ; le niveau terrestre qui me ramenait à l'atrocité de la situation me rappelait toujours à l'ordre et m'abattait comme si je recevais un coup de massue sur la tête. Pourtant, mes proches m'ont beaucoup aidée et soutenue : mes parents sont venus avec moi à l'hôpital d'Amiens pour avoir ce certificat. Aux pompes funèbres, j'ai eu affaire à des gens très professionnels « de la mort » et qui savaient aisément parler du côté matériel de la situation (choisir un cercueil, les poignées du cercueil, le tissu dans le cercueil, la forme de la tombe, la taille du trou une place ou deux places ?) en incluant délicatement le côté spirituel. Monsieur Ibaque, qui menait tout cela était en mesure de répondre à mes questionnements. C'est le premier qui m'a renvoyée vers des lectures telles que *« Les morts nous parlent »* du Père François Brune. Autour du corps d'Aurélien, il savait me montrer qu'il était autour de nous et que son teint blanc qui me choquait tant, n'était que le teint de son véhicule, de son ancienne apparence physique. Ma tante m'a bien aidée pour les documents à remplir, pour résilier des tas de contrats, l'assurance de la voiture, ou clôturer son compte en banque. Elle venait régulièrement à la maison pour le soutien psychologique bien sûr, mais aussi pour me décharger d'un tas de préoccupations administratives, je lui en suis très reconnaissante !

J'ai eu une aide immense de mes proches, mais malgré tout, beaucoup de choses à gérer, du matériel, des papiers où l'on voit « Aurélien D. décédé le 12 septembre 2010 sur la voie publique - Albert », une facture de thanatopracteur (le mec qui fait ce beau métier de vider les morts et de mettre du produit chimique pour les conserver) qui arrive un beau matin dans ma boite aux lettres sans prévenir…

Voilà, l'aparté sur le plan matériel, papiers administratifs, et business nécessaire autour de la mort ! Encore une fois, je ne critique pas, c'est ainsi, nous avons un numéro dès notre naissance jusqu'à notre mort, nous sommes sujets de consommation (pompes funèbres, assurances, carte grise, déclarations pour la mairie…), *« l'être humain numéro "n" doit être rayé de la liste ! »*.

Cela est nécessaire, mais tellement horrible quand on perd quelqu'un, nous sommes déconnectés de cela et un retour à l'essentiel se fait très naturellement. Tout ce qui n'est pas **essentiel** passe pour de la pure foutaise, de la bagatelle.

Retour à mes écrits, répétitifs, redondants, prise de tête, où les regrets, la culpabilité, les remords, l'incompréhension sont bien palpables, je tiens à en partager une partie. Pour ceux qui entourent une personne qui vient de perdre un proche, ou pour les personnes qui viennent de perdre un proche elles-mêmes, vous comprenez qu'il est normal de ressasser. Ça fait partie de la reconstruction après un Tsunami, c'est tout ! Quel que soit le niveau du Tsunami, on répète en boucle : pour un Tsunami qui tue des millions de personnes, cela passera aux journaux télévisés d'innombrables fois… Un Tsunami à échelle familiale, c'est pareil ! On en parlera de nombreuses fois, pour un temps très long ! Surtout les personnes placées dans l'épicentre de celui-ci ! Celles qui sont à la périphérie s'en remettront plus vite, leurs vies reprendront leur cours habituel très vite.

Mes écrits vont, je vous rassure, évoluer, tendre peu à peu vers de beaux rêves, des rêves qui nous ouvrent une porte, une fenêtre, ou une porte-fenêtre vers d'autres dimensions.

Lundi 27 septembre 2010 - Le choc, l'incrédulité et la sidération !

« Je n'ai pas la notion du temps, je regarde la date pour savoir où on en est. Le temps s'est arrêté, je ne veux pas voir qu'il passe, c'est mon ennemi, je voudrais revenir en arrière. Je hais le temps et à la fois c'est lui qui va définir ce que je vais devenir et si je vais aller mieux ou pas.

Entamer la troisième semaine sans toi c'est inconcevable ! Esclave ! C'est ce que je suis ! Esclave du temps et de cette vie, dès que je tente de me rebeller mentalement, la vie ou la mort, je ne sais plus, a le dernier mot ! Je dois me soumettre, je ne peux pas dire « accepter », mais « me soumettre » !!!!

Aide-moi à ne pas trouver un ou des coupables, responsables de ta mort. Trop de culpabilité !

Viens dans mes rêves. Guide-moi s'il te plaît !

Trouve la paix toi aussi, car tu ne dois pas être content non plus de ton triste sort, et de la peine que ta mort nous cause. Toi qui voulais vivre, tu n'es pas coupable en fait... Tu as juste fait une erreur, une petite erreur qui t'a été fatale, c'est tout.

Guide-moi vers les bonnes personnes.

Avant de dormir, j'avais demandé ton aide pour ne plus me rendre coupable ou qui que ce soit d'autre. Ce matin, lundi, voilà le rêve que j'ai fait : tu me dis que je ne dois pas penser que tu es coupable d'avoir couru et d'être « mouru » ! Tu me démontres par un exemple que ce n'est pas de ta faute, que tu ne savais pas que tu allais mourir (logique, sinon tu n'y serais pas allé !). Rêve assez flou, j'espère en refaire d'autres, plus clairs.

« *UNDER PRESSURE* », *QUEEN*,

(Traduction des paroles)

La pression pèse sur moi
Pèse sur toi, aucun homme ne demande ça
Sous pression
Ça fait s'écrouler un immeuble sous les flammes
Ça divise une famille en deux
Ça conduit les gens à la rue

Bah bah bah bah bah bah
Bah bah bah bah bah bah
C'est okay !
C'est la terreur de savoir
De quoi est fait ce monde

À regarder des bons amis
S'écriant laissez-moi sortir !
Je prie pour que demain soit pour moi un jour meilleur
Pression sur les gens
Les gens de la rue

Do do do bah bah bah bah
Okay
Je m'éparpille
D'un coup de pied répands ma cervelle au sol
Telle est l'époque
Il ne pleut jamais, mais il dégringole
Des gens dans la rue
Des gens dans la rue

C'est la terreur de savoir
De quoi est fait ce monde
À regarder des bons amis
Crier laissez-moi sortir !
Je prie pour que demain soit pour moi un jour meilleur
Pression sur les gens
Les gens de la rue

On se détourne de tout ça
Comme un aveugle
Assis sur une barrière, mais ça ne marche pas
Sans cesse l'amour revient
Mais il est tellement cassé et déchiré

Pourquoi pourquoi pourquoi?
Amour amour amour amour

La folie rie sous pression nous craquons
Ne pouvons-nous pas nous accorder une dernière chance?
Pourquoi ne pouvons-nous pas donner à l'amour cette dernière chance?
Pourquoi ne pouvons-nous pas donner de l'amour?
Donner de l'amour, donner de l'amour ?
Donner de l'amour, donner de l'amour ?
Donner de l'amour, donner de l'amour ?

Parce qu'amour est un mot tellement démodé
Et l'amour te défie de veiller
Sur les gens qui se tiennent à la lisière de la nuit
Et l'amour te défie de changer la façon
Dont nous nous occupons de nous-mêmes
C'est notre dernière danse
C'est notre dernière danse
C'est nous-mêmes sous pressions
Sous pression, pression.

C'est « Sous pression » chaque matin, que je me demandais si cela était vrai. Se réveiller était la pire épreuve de la journée ! Les somnifères me donnaient l'impression d'échapper pour quelques huit heures, à la triste réalité dégueulasse et incroyable. S'asseoir sur le rebord de mon lit, attraper mon cahier de rêves, le cœur lourd, le cerveau anéanti, et écrire pour essayer de se souvenir, les larmes dégoulinant sur mes joues… Retranscrire une éventuelle entrevue avec Aurélien, telle était ma priorité. Faire ressurgir ses messages pour commencer une nouvelle journée sans lui. Pas envie de se séparer, de revenir à l'état de réveil où je ne pouvais le voir ; le sentir certes, mais pas le voir. La séparation physique, le sevrage me mettait « Under pressure ». Après le réveil, il fallait mettre un pied devant l'autre et descendre les escaliers de la mezzanine, chaque détail de cette maison me remémorait Aurélien comme s'il était encore présent : la chaise de son bureau d'ordinateur, les peintures sur les murs, tout cela était récent, comme si nous avions peint la veille et qu'il allait revenir pour les retouches encore inachevées ! Mon corps était lourd et anesthésié par la peine, mon esprit aussi ; comme c'était pénible de descendre les escaliers, de devoir appuyer du bout de mes doigts pesants sur les interrupteurs de chacun des volets roulants électriques et de voir que dehors, il faisait jour et qu'un jour nouveau commençait, sans lui. Les feuilles des arbres commençaient à jaunir, l'odeur de l'automne était là, les saisons passaient sans lui. La planète continuait de tourner, sans lui. Prendre un petit déjeuner, sans lui ; aller chercher du bois dans le garage pour allumer la cheminée, sans lui, en chialant toutes les larmes de mon corps… **sans lui pour me consoler !** La maison était froide et vide. Pas de sens ! Tous les jours, tous les matins, je me vidais de toutes les larmes de mon corps, mais il y en avait toujours en réserve ! Je me sentais tellement petite, sans défense, vulnérable, abattue, détruite, ruinée.

Je repartais ensuite pour une sieste après avoir repris quelques calmants. Quel vide déconcertant ! Chaque matin était une épreuve, un essai, une obligation de se résigner, d'abandonner, la vie était ainsi, ce n'était pas un rêve !

Mardi 28 septembre - Sa phase d'apprentissage dans l'au-delà

« Nuit paisible avec toi, lever à 9h30 : dans un rêve tu me dis que tu ne peux pas trop communiquer avec moi, que ce n'est pas facile pour toi, je te réponds donc "Viens dans mes rêves !", parle-moi clairement comme d'habitude. Dis-moi que tu m'attendras le temps de ma vie, en espérant que celle-ci ne soit pas trop longue. Dis-moi si nous sommes vraiment séparés, car pour moi deux âmes si proches ne peuvent pas être séparées. Ceci dit, prouve-le-moi, viens dans mes rêves.

Qu'as-tu pensé du prêtre à ton enterrement ? Moi, je pense qu'il y croit (à l'au-delà), mais il ne sent rien il n'y est pas sensible ; il n'a pas la réponse à tout, ce n'est qu'un homme, comme tu me dirais, c'est à moi de trouver mes réponses toute seule, personne d'autre que moi.

Mercredi 29 septembre

Journée au calme, les parents sont partis ce matin, on mange ensemble midi et soir, et ils dorment encore à la maison. Je pense être capable de dormir seule dans la maison, enfin, je sais que tu seras là. Il me faut ta présence c'est tout, savoir que tu vas bien. Les journées sont longues, mais déjà si je me lève à 9h30, shootée aux médocs, c'est moins long.

Penses-tu qu'on se retrouvera ? Moi oui, mais si je meurs tardivement ? M'auras-tu attendue ? Tu te seras réincarné ? Certains me disent que tu te seras réincarné et on n'aura plus qu'à se retrouver. Le prêtre, lui, dit que l'on se retrouvera là-haut, j'aime bien cette version catho ! Tel que tu es là, tant mieux ! Tu es autour de moi, je ne t'entends pas, mais je te sens, deux mondes nous séparent, mais l'amour est toujours là ! Tu te trouves derrière une vitre, tu es là, une frontière nous sépare. Je dois m'ouvrir plus à toi, mais c'est encore dur. Trop de questions, de répétitions !

Sinon, tu peux le voir, mais je ne suis plus aussi abrutie qu'au tout début, où j'aurais essayé volontiers de me laisser crever de faim et de soif pour mourir, juste pour voir ce que ça fait ! De plus, j'arrive à ne plus t'en vouloir, tout ceci fait que je serai plus réceptive. Je tente de diminuer les somnifères, c'est dur, afin que tu puisses t'introduire dans mes rêves !

Tout cela n'était bien sûr qu'illusion, après 17 jours, je pensais déjà avoir progressé, avoir moins de culpabilité, mais mon évolution était loin d'être constante, et ressemblait plutôt à des montagnes russes ! Ooooléééé !

Voilà mes questions, peux-tu les entendre ? Je te les pose, à Toi :

Y a-t-il une forme de corps spirituel ?

Est-ce que tu es bien ? Ou as-tu aussi des remords, de la culpabilité ?

Avec qui es-tu ? Tu es mieux là-bas ou ici ?

Allons-nous nous retrouver ? Dans longtemps ?

T'es-tu senti mourir ? As-tu souffert ?

Avais-tu le choix de ne pas mourir ? De ne pas aller au bout de ce tunnel lumineux et de revenir dans ton corps comme on peut le voir dans certains reportages ?

Que t'ai-je apporté au cours de ta vie ?

As-tu besoin d'aide ?

Peux-tu me guider vers les bonnes personnes? Peux-tu m'écarter des mauvaises personnes?

Peux-tu m'envoyer de l'énergie pour m'aider à remonter cette pente? À sortir de ce trou noir?

Dois-je te rejoindre volontairement en me tuant? (Je sais que tu veux me voir heureuse et que ta réponse est non, mais bon, je tente quand même!)

Sais-tu ce que la vie me réserve?

Quel est mon but dans la vie maintenant? Se rendre utile ? Faire le Bien ?

C'est en relisant ces récits de rêves et de tranches de réalité, que je vois que toutes ces questions auront réponse plus tard, Aurélien est venu en "personne" (esprit) répondre à chacune de mes interrogations.

Rêves de cette nuit de mercredi à jeudi

Je nous vois, nous deux, tu es mort et tu essayes tant bien que mal de te réveiller, de revivre, puis je ressens une joie intense, mais tu retombes.

Cela veut-il dire que tu souhaiterais revivre? Ou bien sont-ce juste mes projections? Mon souhait?

Dans un autre rêve, tu offres ta montre à un petit africain.

Cette montre je l'ai gardée, un jour peut-être que je la donnerai à quelqu'un.

Cet après-midi, alors que je rangeais des Cd de ta bibliothèque, là-haut, seule dans la maison, j'ai pris un Cd gravé sur lequel rien n'était indiqué, ni nom, ni titre, rien ! Tu faisais souvent ça, graver des Cd. Et tu étais le seul à savoir ce qui était dessus... **Quelque chose de fort m'a poussé à le lire et quelque chose d'encore plus fort m'a dit de mettre la chanson numéro 9.** J'ai écouté cette chanson, je ne parle pas un mot d'anglais, et quelque chose, une voix, une force, une impulsion, Toi, sûrement, m'a dit "vas traduire cette chanson sur internet !", chose que j'ai faite ! Et là, tu m'as bien surprise, je ne connaissais pas cette chanson de Queen, "Who wants to live forever" (qui souhaite vivre éternellement ?)

Je l'ai traduite et là, je n'en reviens pas, je note les paroles en français, c'est fou, c'est juste incroyable, c'est juste en adéquation avec les questions que je t'ai posées :

IL N'Y A PAS DE TEMPS POUR NOUS

Il n'y a pas d'espace pour nous,

Quelle est cette chose qui construit nos **rêves** *puis nous échappe ?*

Qui souhaite vivre éternellement ?

Il n'y a pas d'issue pour nous,

Tout est décidé pour nous,

Le monde n'a qu'un seul moment doux conçu pour nous

Qui souhaite vivre éternellement ?

Quand l'amour doit périr

Touche mes larmes avec tes lèvres,

Touche mon monde du bout de tes doigts

Et nous pourrons obtenir **l'éternité**

Et nous pourrons aimer éternellement

L'éternité est notre quotidien

Qui souhaite vivre éternellement ?

L'éternité est notre quotidien

Qui attend l'éternité de toute manière ? »

Je crois que le message est clair, certaines phrases résonnent en moi, rien ne nous sépare, ni temps ni espace, nous avons l'éternité devant nous. J'ai le temps, nous nous retrouverons.

Je suis contente, cela me fait un bien incroyable, mieux que les Lexomil avalés, mieux que la psychiatre, mieux que tout, tu m'aides, waouh, c'est clair, c'est net ! Je suis tellement impressionnée ! Merci !

Queen... un groupe qu'il adorait écouter pendant son adolescence avec son frère aîné Romuald...

Quand un signe est envoyé, on le sait au fond de nous, ce n'est pas un hasard, non c'est une voix, une envie plus forte que tout de faire une action que l'on nous souffle à l'oreille tellement fort, que l'on ne peut y résister ! Au premier abord, on ne se rend même pas compte de ce que l'on fait, on agit, point barre ! Puis on comprend que cela avait un sens, et ça coule de source, on n'a plus besoin de réfléchir.

Les signes peuvent être envoyés sous différentes formes : les rêves, les musiques, les coupures d'électricité, la TV qui se brouille sans cesse, les ampoules qui explosent, les envies soudaines de mettre telle musique ou telle chaine TV plutôt qu'une autre, sans oublier la machine à café expresso qui s'ouvre sans raison. Je crois sincèrement que par son énergie, si infime puisse-t-elle se mesurer matériellement, un esprit peut toutefois faire disjoncter des appareils électriques, notamment les ampoules ! En un mois facilement cinq ampoules changées dans ma maison, dès que j'allumais une lampe elle explosait... (Cela arrive encore très souvent quand je pense à lui, une ampoule explose, où que je sois dans le monde ! J'emmène maintenant partout avec moi une boite d'ampoules neuves !)

Les impulsions reçues sont une forme de signe de l'autre dimension. C'est un besoin irrésistible d'accomplir un acte absurde ou pas, une force qui nous pousse à mettre telle chanson, telle radio, telle chaine... puis on se rend compte que l'on tombe sur une musique symbole de la personne décédée dans laquelle passe un message en l'honneur de cette personne, ou encore une émission à la télévision qui parle de son chanteur préféré...

Jeudi 30 septembre - Obsession : communiquer

« *Y'a pire que mourir, y'a vivre sans toi* »,

Renaud

Vendredi 1er octobre - Se préparer à se quitter pour de vrai

On a déjà changé de mois, je n'accepte pas que ce soit sans toi !

J'ai dormi d'une traite de minuit à huit heures, ça faisait longtemps. J'ai beaucoup rêvé de toi :

Tu me téléphonais de ton cercueil, et l'on découvrait que tu n'étais pas mort, mais en état de léthargie où ton cœur battait peu, mais suffisamment pour que tu te réveilles et revives.

Les retrouvailles étaient intenses, et je vivais chaque minute comme une chance inouïe et sacrée qu'il ne fallait pas laisser passer. Ensuite, nous nous promenons dans notre village. Ensuite, tu meurs de nouveau et tu repars.

Probablement un fantasme de mon esprit. En effet, quel bonheur aurait-ce été de recevoir cette bonne nouvelle !

Tu m'as dit aussi que dans le livre que je suis en train de lire « La vie après la vie » (de Moody Raymond) il faudra que je m'attende à ce qu'il y ait un chapitre concernant l'« au revoir ». Comme si tu me préparais à ce que l'on se dise au revoir, je sais..., mais pas maintenant.

Cette fois, je le sais, c'est un message de sa part, on a parlé !

Sur le matin, je rêvais de tout ce qu'on aimait faire à deux : manger, boire un verre de vin avec de bons mets, aller à l'improviste chez des gens, la décoration, le jardin, le cheval. Tu me dis aussi que quelqu'un a cueilli des roses dans ton jardin.

J'ai vérifié cette information **après** avoir fait le rêve, ne sortant jamais de ma maison, je n'étais pas en mesure de savoir si des roses avaient étaient coupées. Quelqu'un voulait absolument mettre des fleurs de notre jardin sur sa tombe. Aurélien les préférait vivantes dans son jardin que coupées dans un vase. Mes parents m'ont confirmé qu'un proche a coupé quelques roses… Rien de bien grave, mais juste une façon de me donner une preuve qu'il continue de voir les choses se passer sur terre.

Niveau réalité, la sortie des rêves c'est horrible, se réveiller sans toi est une torture !

Me conseilles tu de faire la transcommunication instrumentale, je me suis renseignée sur internet et cela consiste en un enregistrement des voix des personnes décédées avec magnétophones et micro… ou alors penses-tu que je devrais apprendre les sorties du corps ? La transcommunication instrumentale me fait flipper, je ne le ferai pas, ça me fait penser à ces films d'horreur…

Depuis ce 12 septembre, mes journées étaient presque toujours les mêmes. Mes parents ont dormi chez moi pendant presque un mois pour éviter que je devienne dingue seule dans cette maison, surtout pour ne pas que je craque sur la boite de somnifères et la bouteille de rhum. Je ne me sentais pas la force de voir que j'étais seule, nous déjeunions ensemble sans goût, sans envie de manger alors que j'adorais manger. Les journées étaient rythmées par beaucoup d'appels téléphoniques de la famille, beaucoup de visites, cela m'aidait beaucoup à ne pas être seule. Regarder des films avec une amie proche, Marie et mes cousines Coralie, Céline…

Ma sœur Virginie passait souvent me voir aussi, m'apporter des petits plats, tiramisu, lasagnes au saumon, j'en passe, pour me faire manger, car j'oubliais de manger, rien n'était vital pour moi, rien d'important, rien. Elle me parlait, me détendait, c'est une personne calme et apaisante. Elle essayait de me stimuler avec mes trois neveux adorés…

dont je me fichais royalement à ce moment alors qu'ils ont toujours été prioritaires, les pauvres... Avec ma grande sœur, je n'avais pas à cacher mes vraies émotions, je pouvais l'attrister en pleurant, j'avais le droit d'être vulnérable. Je sais qu'elle avait beaucoup de compassion, de la tristesse de perdre son beau-frère, Aurélien, et de voir sa petite sœur en miettes. Elle savait s'y prendre avec psychologie et délicatesse.

Puis ma sœur croyait en moi, elle savait que je disposais de ressources, elle savait me regarder sans pitié et j'aimais ça. Je me rappelle que, pour m'encourager, et me montrer qu'il fallait que je reste parmi eux, ma sœur m'avait dit que je serai une Tata extraordinaire pour ses enfants et que je ne pouvais pas me laisser mourir. J'avais répondu promptement, qu'ils sauraient vivre sans moi, que je ne suis pas nécessaire à leur vie, que personne n'est irremplaçable. « Ils m'oublieront très vite, ils sont jeunes ! » Avec la mort d'Aurélien, je venais de réaliser que personne n'était indispensable. Tout le monde reprenait le cours de sa vie, sauf moi et ses parents. Le suicide était donc envisageable.

Les visites de la famille d'Aurélien aussi étaient fréquentes et importantes pour moi. Cela me permettait de ne pas m'éloigner de lui, à travers sa famille, je gardais ce lien avec lui. Essayer d'accepter ensemble en n'acceptant pas, en ressassant, en répétant tout depuis le début, en refaisant l'histoire avec des « si ». Oui, en répétant des milliers de fois, en restant bloqués sur la situation, nous allions doucement vers l'acceptation progressive. Paradoxe, car après avoir répété 34 520 fois les mêmes choses, comme « il n'aurait pas dû... » et « s'il avait... », nous allions réaliser très lentement que le problème était toujours le même et que rien n'y fera, à part accepter !

Nous avions tous dans cette étape du deuil, un besoin irrépressible de parler de lui. C'est comme si nous essayions d'annuler la réalité de son absence. En parlant de lui en boucle, nous le rendions présent ! Voilà la technique de notre inconscient qui ne pouvait réaliser tout cela en l'espace d'un mois !

Je ne m'occupais même pas de ces chevaux dont j'avais la responsabilité.

Je ne me lavais même pas tous les jours pour être honnête.

Je détestais me regarder dans un miroir, je m'étais oubliée en tant qu'être vivant qui mange, se lave, vit, j'étais morte aussi, Morte, pour me rapprocher de lui. Je refusais d'être vivante sans lui. Ça ne me plaisait plus de vivre.

Le concert Live de Ben Harper passait en boucle sur la télé de mon salon, je ne me rendais même pas compte que je l'avais déjà et revu, ma mère me faisait la remarque parfois de changer… mais je m'en fichais, ça faisait juste un bruit sourd et lointain pour moi. Puis les gens qui me rendaient visite étaient rassurés, il y avait du bruit dans la maison, c'était moins morbide ! Car, oui c'était un peu morbide de me rendre visite, je pense, s'il n'y avait eu que moi, c'était la couette, le canapé, les lexomils ! Mes meilleurs amis à l'époque : LE-XO-MIL ! Quand quelqu'un venait, je ne me levais même pas du canapé pour leur donner un verre à boire. La plupart du temps, on m'apportait à manger. Je ne faisais ni les courses, ni la cuisine, ni rien, cela était au-delà de mes forces.

Je disposais d'un calendrier 2010 sur lequel je barrais chaque jour d'une croix comme un tôlard qui veut que le temps passe… pour qui chaque journée est un pur calvaire.

Parfois des visites du prêtre, l'Abbé, une personne exceptionnelle. Il est venu me rendre visite quelques fois et m'a mise en contact avec une autre personne incroyable qui venait me parler d'au-delà, de la Bible… Ils m'ont tous deux prêté de nombreux ouvrages spirituels (et pas forcément catholiques) afin de nourrir ce besoin de connaître plus de choses à ce sujet. Mes questions étaient toujours les mêmes. Il fallait que je comprenne.

L'amie de l'Abbé, Carine était très douce, un ange fort probablement, elle m'apportait apaisement en me parlant d'une vision qu'elle avait eu de son père après son décès lorsqu'elle résidait aux États-Unis. Elle avait longtemps regretté de n'avoir pu le revoir avant son décès. Jusqu'au jour où, une lumière est venue près de son lit, elle a pu distinguer la silhouette de son père. Cette lumière lui avait apporté la paix vis-à-vis du décès de son papa. Ensuite, elle a accepté sa mort sereinement.

Donc, des visites, beaucoup de visites pendant la première phase du deuil !

Mon unique sujet de conversation était l'après-vie, l'au-delà. Je ne restais pas bloquée sur l'aspect physique trop longtemps, c'est pourquoi j'évitais les personnes qui me ramenaient trop brutalement sur terre. Que voulaient-elles ? M'empêcher de croire ? Me voir pleurer devant sa tombe au lieu de me voir lire des ouvrages sur le paranormal et établir des connexions avec Lui ?

Lors d'une conversation avec Célia (amie chez qui Aurélien et moi nous sommes rencontrés) j'ai abordé les signes reçus que j'avais envie de partager avec elle. Pour moi, réduire Aurélien à un tas de chair et d'os dans un cercueil était presque insensé !! Mais un jour, elle m'a demandé sur un regard hautain : « tu vas toujours voir ta psychiatre ? Je pense que ça t'aiderait »… Or, la psychiatre me ramenait trop sur terre, pas le droit de s'envoler, de parler d'au-delà. Cela leur fait peur de croire à de belles choses. Je tiens à préciser, que je ne fais pas que de croire en l'au-delà bêtement pour me rassurer, non, je me battrais pour prouver cela s'il le fallait, je sais, je sens, je vis au fond de moi cette vérité. Je trouve d'ailleurs qu'il n'y a rien de plus vrai que l'au-delà, les guides, l'univers, car tout ceci relève des capacités de l'esprit, et seul l'esprit existe vraiment et éternellement, rien de plus vrai que quelque chose qui ne meurt jamais !

Les personnes à la périphérie du Tsunami ne comprennent pas la redondance de la personne qui souffre.

J'évoquais même souvent que même si une pilule magique existait pour aller mieux en une minute de temps, je ne l'aurais pas prise. Je n'avais pas envie que la Terre continue de tourner sans lui. Je ne supportais pas de revoir mes proches, ses proches, retourner travailler après deux semaines ou un mois, reprendre leur routine. Un refus que la vie reprenne son cours normal parce que rien ne ressemblait à une situation normale !

Parfois, la famille, les amis, voulaient me faire sortir pour aller au restaurant, au cinéma. Ceci les rassurait sûrement de voir que je faisais le déplacement pour un cinéma, ils imaginaient que peut être j'allais mieux. L'entourage aussi a besoin d'aller mieux en sentant qu'ils ont fait quelque chose pour moi et en espérant me voir avancer et avoir une vie normale de nouveau.

L'Autre est le moteur essentiel. Chacun apportant son aide, son soutien, sa touche personnelle, amenant peu à peu à rétablir la personne plongée dans le chaos. Chacun apporte sa « brique ».

Revenons-en à nos moutons : mes rêves ! Un des plus beaux cadeaux qu'il me fait parfois, qu'il m'a fait ; un moyen de s'envoler un peu, beaucoup, souvent, un moyen de répondre à mes interrogations récurrentes. Un moyen surtout de me prouver de façon sûre qu'il était toujours là auprès de moi, de façon concrète tout en se trouvant dans ce monde d'entre-deux que j'aime aussi nommer le monde d'entre **eux**.

Je précise tout de même que je ne prenais et ne prends toujours pas de drogues hallucinogènes ou psychédéliques même si j'ai cédé beaucoup plus tard à la tentation du LSD pour faire un voyage astral !

À l'époque de sa mort, je prenais, comme j'ai déjà mentionné, des somnifères et des Lexomil, qui pour la plupart des gens que je connais qui ont déjà pris cela empêcherait de rêver, pas pour moi ! Pour les terres à terre, n'allez pas tirer la conclusion que ces médicaments m'ont fait délirer ! Rien de cela ! Les médicaments, ça casse et ça empêche de penser.

Rien ne nous a jamais empêchés de nous retrouver ! C'est ça les âmes jumelles !

3 - Au delà de mes rêves

Les Dream-Cultures (cultures du rêve) : « *Certaines cultures connaissent le pouvoir du rêve et elles pensent que certains rêves sont une porte ouverte sur d'autres mondes. Toutes les cultures chamaniques de la planète sont, plus ou moins, des dream-cultures : les Amérindiens, les Sibériens, les Australiens, les Polynésiens. Aussi, certaines popula-*

tions en Corée, en Chine et au Japon, en Inde, en Hongrie. Les cultures africaines et leurs extensions dans le vaudou haïtien, la macumba et le candomblé brésilien ou la santéria cubaine, elles aussi, attachent énormément d'importance au rêve, à ce domaine de l'"autre côté" du jour. Quand un des aspects du Moi s'en va voyager dans cet ailleurs du rêve pour y faire des expériences, ou pour en ramener quelque chose, ou pour y rencontrer des aspects du Sacré. Il en est de même pour l'islam mystique (soufi, chiite). Pour toutes ces cultures, la recherche du sens du rêve est importante : en déchiffrer la signification, pour le rêveur ou pour la collectivité, justifie d'y mettre le temps, l'attention, la disponibilité. Car l'homme et le monde peuvent être enrichis par la compréhension du rêve. Les Kpelle peuvent, par exemple, acquérir dans le rêve un savoir de type médical communiqué par les esprits et se servir de ce savoir dans le monde de la vie quotidienne. »

http://florence.ghibellini.free.fr/revelucidea/thesemn4.html

Dimanche 2 octobre - Le rêve pour me faire accepter ta mort

J'ai rêvé que tu étais vivant, mais que tu avais un cancer au poumon. C'est ta belle-sœur qui l'a découvert. Plein de tâches sur les poumons ; ta mère dit que cette fois, elle veut profiter pleinement de toi sans se soucier, sans peur des accidents, sans peur tout court jusqu'à ta mort. Je ressens un gros sentiment d'injustice, car tu ne fumais pas, excepté pendant 3 ans dans ta vie.

Ici encore, dans ce rêve, tu m'as prouvé et dit que ce cancer te tombait dessus comme un accident. Ce que je dois en tirer est que, quelles que soient les origines, les causes de ta mort, à 28 ans, ce doit être considéré comme un accident ; car rien ne peut justifier une mort si précoce. Même une maladie, je ne l'aurais pas acceptée.

Dans la vie éveillée, quand je regarde les avis de décès dans le journal, je ne vois jamais de décès si jeune, mais quand c'est le cas c'est toujours un accident. MERCI, j'ai compris.

Dans ce rêve, les jours étaient comptés, et ceci n'est pas mieux ou moins bien que l'arrêt cardiaque du marathon. Dans notre cas, on ne savait pas que tu allais partir, donc on a profité jusqu'au dernier jour, de façon naturelle.

Les rêves correspondaient souvent à des réponses à des questions posées intérieurement dans la journée, ou encore ils servaient à résoudre mes peines, mes émotions, mes obsessions quasi pathologiques. Je m'explique : pour le rêve ci-dessus, je ne pouvais accepter qu'il soit mort d'un arrêt cardiaque lors d'un semi-marathon à 28 ans seulement. De ce fait, un rêve me montre qu'il aurait pu aussi mourir d'un cancer au poumon, que cela aurait été possible aussi ! Voilà, c'est aussi simple que ça ! De ce fait, j'avançais plus vite, je comprenais plus vite qu'il fallait accepter. Un arrêt cardiaque rapide et brutal, un cancer long et progressif, ou autre, cela reste un accident à 28 ans, et de toute façon, par une mort ou une autre on n'accepte jamais en souriant !

Les rêves ont été ma thérapie, à travers eux, je franchissais des étapes difficiles plus vite que prévu.

Mardi 4 octobre

Je me suis levée en ayant un but, une impulsion en tête : aller à la messe parler à l'Abbé. Je me suis rendue à la messe, mais elle n'était pas donnée par l'Abbé N, mais par l'un de ses confrères, d'origine africaine.

À la fin de la messe, je lui ai parlé, je lui ai demandé s'il était **sincèrement convaincu** que la vie après la mort existait, ou disait-il cela, car il était endoctriné. Je lui ai posé la question comme cela, cash ! Comment voit-il réellement cela et concrètement ?! Car les métaphores et paraboles de la Bible me parlent peu ! Il m'a confirmé avec beaucoup de paix, de sureté, de confiance, de conviction, bref, avec sa foi de prêtre, que tu étais bien LÀ, présent, pour de vrai, pas juste des mots pour faire beau, ou pour faire plaisir aux catholiques et à Jésus, non, d'après lui c'est bien RÉEL, ton esprit est là !

Je sentais que quand il me parlait, tu restais à mes côtés à me souffler à l'oreille : « je suis là, je vais bien, tu vois, je te vois. Dis-le à ma famille ! »

En rentrant, j'ai eu ta nièce au téléphone, Claire, je pense l'avoir réconfortée en partageant ma conversation avec le prêtre et cette sensation de te sentir me parler. Je ne cesse de le dire à ta famille, tes sœurs, ta mère (déjà convaincue) : il y a quelque chose après la mort. Quand je te parle, je sens les réponses que tu m'envoies.

À mon retour en voiture, je te parlais, je sentais que tu étais là, côté passager. Je te parlais à voix haute dans mon véhicule alors que je rentrais à la maison. Tu sais que je suis bavarde et que je ne sais pas arrêter ; le volume de la radio était très faible, je n'écoutais pas. Quelque chose m'a dit clairement et fortement : **« Ferme-la ! Tais-toi !**

Écoute cette musique! » Et là, je dis « siiiigne! », c'est pas possible, c'est un signe!! Je monte le son et j'entends une chanson que je n'ai jamais entendue, que personne n'a jamais entendue en octobre 2010 à la radio, c'est ce Stromae, chanteur assez étrange, chanteur de pop française, qui chante House'llelujah. Les paroles sont incroyables, je reviens de la messe et ça parle de Dieu! « House'llelujah »

« C'est ce que je prie durant la nuit
House'llelujah
Lorsque j'élève mes mains au ciel
House'llelujah
Lorsque je saute et que je crie
House'llelujah
C'est l'éternel qui me le dit!
J'entends des voix,
Des voix de gens que je ne vois,
Si toi aussi tu les perçois,
C'est qu'tu avais perdu la foi!
C'est c'que je prie durant la nuit,
Lorsque j'élève mes mains au ciel,
Lorsque je saute et que je crie,
C'est l'éternel qui me le dit! »

Je me sentais parfois « extraterrestre » entendue mais incomprise. Je ne pouvais demander aux gens de penser comme moi, et d'adhérer à la croyance en l'au-delà.

Parfois, aussi, c'était le monde à l'envers, je réconfortais les gens alors que j'étais en miettes ; je voulais les convaincre de l'existence de la vie après la mort, pour ne pas être seule à croire et aussi que l'ambiance générale s'améliore. Je refusais de parler de choses terrestres, en lien avec son corps, en lien avec le côté physique, et je me disais qu'en propageant cette certitude que j'avais, les autres allaient aller mieux, et donc moi aussi. Entendre dire « ah… il est six pieds sous terre ! » me révoltait intérieurement ! Le problème autour de la mort c'est qu'on n'a pas tous la même perception des choses, et un peu comme la politique, les goûts, les couleurs, les croyances, ça ne se discute pas ! De même, on ne se sent bien à 100 % qu'avec les gens qui partagent la même religion, mêmes opinions politiques, etc. même si je suis entièrement ouverte aux différences des uns et des autres. Pour ce sujet du siècle, de ma vie, de mon existence entière, j'avais quand même besoin d'en parler, d'être moi-même puisque c'était une obsession de comprendre.

Mes parents ont fait tout leur possible pour m'aider, heureusement ils vivaient juste à côté de chez moi. Je les voyais plusieurs fois par jour. Grâce à eux, je n'étais jamais seule. Ils m'apportaient des repas, nous essayions de manger ensemble, choqués, nous essayions…

J'aimais parler à Murielle (qui a perdu son mari 6 ans plus tôt un matin de Noël d'un arrêt cardiaque), la mère d'Aurélien aussi ; j'avais cette chance de pouvoir parler sans tabou, librement. Le beau-frère d'Aurélien, d'origine marocaine m'apaisait grandement. Musulman, il avait une ouverture spirituelle dont je pouvais me nourrir. Oui, je lui posais plein de questions sur la vie, l'au-delà, la Mort, il disposait de beaucoup de savoir à ce sujet. C'était pour moi, un sage.

Pour certaines personnes, ceci dit, je sentais que c'était trop, que ce sujet avait ses limites, mais pas pour moi. En gros, leur raisonnement pouvait être ouvert, mais limité en envergure et en effets bénéfiques. Je résume : « oui il y quelque chose après la mort, oui l'esprit d'Aurélien est éternel, mais c'est quand même triste et horrible ! ». Bien sûr, cela restait horrible, mais je sentais qu'avec cette perspective de l'au-delà, cette ressource, je n'allais pas continuer à croire longtemps que mourir était horrible. Je me convainquais que c'était le contraire, j'arrivais à croire peu à peu que non, rien n'est grave pour lui et c'est bien là l'essentiel. Le travail qui me restait à faire était : me sevrer de lui.

« S'il va bien là-haut, essayons, décidons d'aller mieux ». Ceci est l'étape à franchir, croire ne suffit pas, il faut appliquer au quotidien donc aller vers l'acceptation de la situation !

Mardi 4 octobre

Le matin j'aime bien refaire une sieste, les journées passent plus vite, et les effets de mes somnifères sont toujours là, je suis défoncée le matin, par les médocs et par la réalité de ton absence !

Entre le sommeil et l'éveil, durant ma sieste du matin, en état de somnolence, semi-consciente... Je t'ai senti tu es venu me frôler, me faire un câlin, c'était énorme, tu me serrais comme un dingue, je n'ai pas eu peur !!! Je sentais comme de l'électricité dans mon corps, la sensation était magique !!!! Indescriptible !!! Je te disais, « encore plus fort ! » Je ne trouve pas les mots ! Magnétique ! Oui ! C'était magnétique, comme des aimants !! Je sentais ton poids sur mon corps paralysé !!! Tu as accentué, c'était lourd, très lourd et je vibrais!!!!

Reviens quand tu veux ! Je n'ai pas peur ! Ça me donne de l'énergie, c'est fou !! Je suis reboostée !!

Je t'aime c'est tout !

Mardi 5 octobre

Une voix m'a dit dans un rêve que tant que tu ne peux pas partir vers l'autre monde, tu n'es pas vraiment heureux.

C'est mon seul souvenir de cette nuit.

Pendant ma sieste matinale à laquelle je prenais goût, car les journées passaient plus vite et parce qu'aussi j'étais plus reposée pour recevoir des messages, j'ai eu une réponse à la question « dois-je reprendre le travail de professeur des écoles », certains me disaient que cela m'aiderait de reprendre une activité (travail=j'existe=je vais mieux=foutaise pour moi)… D'autres savaient que ce métier ne ferait pas mon bonheur. Et moi, je n'en savais rien dans tout ça !

Dans un rêve, je suis dans une école, je vois mes collègues travailler, tu es derrière moi et me souffle à l'oreille de ne pas reprendre le travail pour le moment !

Jeudi 7 octobre

Réveillée sur un air de Claude François ! On aimait bien déconner sur du Cloclo ! L'air était dans ma tête, dans mes oreilles, dans mon esprit.

Encore une manière de me montrer que tu aurais pu partir de multiples manières : j'ai rêvé que tu ne souhaitais plus me parler, et que tu étais avec une autre fille. Encore aussi, ce rêve révèle une de mes angoisses, celle de ne jamais te reparler, de te voir refuser de communiquer un peu avec moi.

Pendant ma sieste du matin, encore ces coups d'électricité qui m'envahissent la tête et me paralysent ! À trois reprises, trois coups d'électricité ! C'est en fait agréable et ça me relaxe pour dormir. Un visage flou et lumineux est apparu dans mes pensées, dans mon esprit, dans mes yeux. Je suis sûre que c'est toi !

Avant de m'endormir pour cette sieste, je pensais à mon propre enterrement, à la façon dont il se déroulerait... c'est une question importante, car maintenant je sais que ça peut arriver à tout le monde de mourir (sans blague !)... Je pensais à ce qu'il fallait que j'écrive avant de mourir pour être sûre que les gens qui resteraient et organiseraient tout n'en fassent pas qu'à leur tête. Alors que mes pensées étaient morbides, un énorme coup a retenti sur mon volet « Boum !! » pour me faire arrêter de penser à ça et me remettre dans l'instant présent ! Bravo ! Tu es for !!

Grâce à tout cela, tu m'as aidée à passer une « bonne journée », au sens actuel du terme.

Je passe certains passages récurrents, mais parfois, je lis : « journée dure et horrible », « pleuré toute la journée », « inacceptation »... « Je vais très mal ! » « Souffrance atroce !! » « Solitude énorme », « ¾ de Lexomil plus 1 somnifère !! », « détresse ! », « angoisse », « désespoir total, juste envie de te rejoindre », « je me sens comme une tôlarde, je compte les jours, ça ne passe pas », « mon esprit est un champ de ruines »...

Dans ce récit, il n'est pas à négliger que je me sentais extrêmement mal, mais là, je pense que tout le monde a bien saisi ! Ce que je veux partager ce n'est pas uniquement ma douleur, mais les moments partagés avec lui dans l'au-delà, à travers ce monde d'entre-deux, les rêves. Eh bien non, comme je le savais déjà à l'enterrement, ce n'était pas le jour D, Dernier, non, cela continue bien au-delà... Ce sont ces rêves qui m'ont sauvée ! Sauvée de cette détresse et ouverte à des perspectives autres que la souffrance terrestre ! Sans cette ouverture par ce petit trou de serrure que sont les rêves, je n'en serais pas là à écrire sans pleurer ! J'en serais encore dans mon canapé avec mes Lexomil et mes clopes !

Zoom sur les rêves de plus en plus intenses, précis, intéressants, passionnants, et surtout guérisseurs de mon âme !

Fly away with me !

Envolez-vous avec moi ! (avec nous !) Wou-Hou !

4 - Les secrets de l'au-delà

En Malaisie vivait une tribu primitive, appelée les Senoïs, appartenant au groupe des Orang Asli. Ils organisaient toute leur vie autour de leurs rêves. On les appelait « **le peuple du rêve »**

Wikipedia

« *Ceux-ci organisaient leur vie autour de leurs rêves. Tous les matins au petit déjeuner, autour du feu, chacun ne parlait que de ses rêves de la nuit. Si un Senoï avait rêvé avoir nui à quelqu'un, il devait offrir un cadeau à la personne lésée. S'il avait rêvé avoir été frappé par un membre de l'assistance, l'agresseur devait s'excuser et lui donner un présent pour se faire pardonner. Chez les Senoïs, le monde onirique était plus riche d'enseignements que la vie réelle. Si un enfant disait avoir rencontré un tigre et s'être enfui, on l'obligeait à rêver à nouveau du félin la nuit suivante, à se battre avec lui et à le tuer. Les anciens lui expliquaient comment s'y prendre…* »

Bernard Werber, extrait de « l'encyclopédie du savoir relatif et absolu ».

*19 octobre - **Se dire au revoir ?***

Nous nous sommes fait un énorme câlin, tu me serres si fort !

Nous sommes à une soirée chez ta sœur en Seine et Marne, nous faisons tout pour ne nous retrouver qu'à deux, juste à deux.

20 octobre - Partir pour l'Exur et dormir

Nous sommes à une soirée de village, nous nous serrons très fort, car nous savons que c'est une des dernières fois, nous voulons nous retrouver à deux, c'est tout ! Ensemble c'est tout ! Je te demande si tu es toujours avec moi, tu me dis que oui. Je te demande aussi si on se reverra ? Tu me dis oui. Tu n'as pas l'air très joyeux.

Tu m'annonces qu'après tu devras partir, tu me dis un mot bizarre, comme « exur », ou je ne sais quoi, « exur » je crois. Tu dois partir.

Je te vois ensuite dormir chez un habitant du village, je me demande donc ce que tu fais là, et tu me réponds : « moi aussi j'ai besoin de repos ! »

Je suis consciente du début à la fin que tu es décédé, consciente que nous communiquons et que ce n'est pas une création de mon esprit.

Faire des recherches sur EXUR je ne parviens pas à trouver ce que cela veut dire.

Durant le rêve, les infos supplémentaires données par les sensations télépathiques sont un voyage, une purification, une régénération...

21 octobre - Un rêve un peu gore !

Tu revis, tu es sur cette table froide et te réveilles brutalement. Tu te demandes ce que tu fais là. J'appelle alors vite le SAMU pour te maintenir en vie, car j'ai peur que cela ne dure pas, et que tu meurs de nouveau. Je te tiens la main pour te garder et t'explique ce qui t'est arrivé. Je t'explique aussi que tu as été embaumé ! Je croise les doigts pour que tu restes en vie, je suis contente, car tu n'as pas de séquelles au niveau du cerveau, tout est parfait et en bon état.

Je ne sais si cela est une projection de ma part ou bien de ta part ? Peut-être ne comprends-tu pas que tu es mort ?

23 octobre

Je suis dans la voiture avec ta sœur et ton beau-frère, en route pour ton enterrement, et je suis en train de prendre conscience qu'il va falloir comprendre que tu n'es plus là physiquement. S'y faire.

Après, tu es encore dans un de mes rêves, nous ne faisons qu'un seul être, c'est dur à expliquer, comme si j'étais morte aussi. Nos volons ensemble, je flotte, ça fait bizarre ! Nous voyons ensemble les petits de ma sœur et nous nous disons que c'est triste, car nous ne pourrons plus les voir souvent. Je te demande si tu peux les voir, et tu me réponds que cela est possible « de temps en temps ».

Les rêves ne sont pas que révélations de l'inconscient, du subconscient, les rêves sont objets de conversations, d'échanges, avec des esprits des personnes décédées, des esprits des personnes en vie aussi...

Pourquoi dans nos vies, tel rêve se manifeste-t-il à tel moment précis ? Quel que soit le nom que vous décidez de leur/lui donner, Dieu, les Guides, l'Univers, Esprits de personnes décédées… Ils nous envoient des rêves pour nous guider.

Parfois il faut voir le rêve comme un Autre, un élément extérieur à soi-même, venant nous parler. Bien sûr, il ne faut pas non plus faire un culte du rêve et tout prendre au pied de la lettre ; le seul moment où le rêve est une information envoyée par des guides, par des personnes de l'autre côté, ou autre information sur notre vie elle-même, c'est quand on sent que c'est aussi réel que la réalité éveillée et que nous sommes conscients dans le rêve que nous recevons des messages.

24 octobre - Un rêve de dingue : une conversation sur la mort avec toi !

Je me réveille, je n'y crois pas, vite il faut écrire, vite !

Un dialogue énorme avec toi !!! Je te rencontre sur la route d'Amiens, un vrai « question-réponse » où je suis consciente de mes questions, consciente que tu es mort, consciente de tout, c'est de la folie !

Moi : « Tu es toujours avec moi ? »

Toi : « Oui, en grande partie. »

Moi : « As-tu communiqué avec ta nièce comme elle m'a dit ? »

Toi : « Non, juste avec Mumu, ma sœur, parce qu'elle en a vraiment besoin. »

Moi : « Tu peux venir souvent me voir ? »

Toi : « **Oui, mais il y a des règles, je ne dois pas tout te dire »,** *ta réponse était mitigée, hésitante.*

Moi : « As-tu des gens qui te guident ? »

Toi : « Oui, mais je ne peux pas tout te dire… »

Moi : « Je les connais ? »

Toi : « Oui, certains oui.. », tu m'as dit cela en souriant, peut être que j'insistais trop avec mes questions.

Moi : « Comment as-tu vécu ta mort ? »

Toi : « Je me suis senti partir (en touchant ton côté gauche, côté du cœur, comme si tu avais eu quand même un peu mal), **mais saches qu' on le sait quand on meurt, on sait que ça y est, qu'on part**… »

Moi : **« Tu es sorti de ton corps ?** »

Toi : « **Oui, tout de suite après***, ensuite je ne me suis pas vu comme je suis d'habitude. »*

Moi : « **Y a-t-il un Dieu ?** »

Toi : « Oui, sûrement. »

Moi : « Tu as vu les juments ? »

Toi : « Oui, elles sont chiantes, elles s'en vont au galop. »

Moi : « Et ton enterrement ? Ça a été ? On a tout bien fait ? »

Toi : (tu ris d'abord, tu me fais comprendre de façon télépathique que tu t'en fous) « Pour "Boucan d'Enfer" de Renaud, tu as bien fait de ne pas mettre cette chanson à mon enterrement, car c'est trop déprimant, il n'y aurait plus manqué qu'une corde pour se pendre, tu me faisais mal quand tu écoutais cette chanson, tu me faisais trop mal ».

Moi : « Mais… c'est ce que je ressentais, tu sais. »

Moi : « Tu vas mieux ? »

Toi : **« Oui, je commence à aller mieux, je m'y retrouve un peu mieux… »**

Tu avais l'air d'être pressé, de ne pas pouvoir rester longtemps dans ce rêve avec moi, comme si tu ne pouvais pas venir tout le temps comme ça, parler tranquillement et répondre à mes questions. Comme si tu faisais une exception. Je ne pense pas que je puisse dire tout cela à tout le monde.

Moi : « Je regrette ce que j'ai dit en Corse, que je voulais partir vivre au soleil toute seule, toujours me plaindre, je veux te dire que je ne l'aurais jamais fait seule sans toi ! Quand tu m'as dit que si tel était mon besoin, de partir seule réaliser mes rêves, j'ai trouvé ça incroyable comme preuve d'amour ! »

Nous avons ensuite pleuré énormément tous les deux, dans ce rêve toujours. Tu m'as dit que tu me pardonnais pour mon insatisfaction, pour avoir toujours voulu plus.

Je t'ai dit : « je regrette d'avoir été comme ça, c'est pour ça que quand tu es mort, je voulais trouver cette phrase de Renaud (originairement de Prévert) qui dit qu'on reconnaît le bonheur au bruit qu'il fait quand il s'en va. Tu ne peux pas savoir comme je l'ai comprise cette phrase maintenant, je la vis ».

Tu m'as répondu : *« Je te pardonne »*, d'un air déconcerté, genre *« je't connais Carole ! »*

L'expression de ton visage montrait que je n'aurais pas fait cela, partir seule, simplement, tu savais je n'avais pas compris la vie, que ce n'était pas de ma faute.

Nous pleurons tous les deux encore. On se serre très fort ! Puis je craque et je hurle de toutes mes forces, car je réalise que tu es mort, et que les regrets arrivent bien trop tard ! Tu disparais, puis tu reviens.

Je te demande ensuite : ***« Et le suicide, qu'en penses-tu ? »***

Tu ne réponds rien, tu ne veux pas m'influencer, mais je te vois, tu n'es ni pour ni contre, tu ne te réjouis pas non plus.

Je te demande ensuite : « M'entends-tu toujours quand je te parle ? »

Tu me dis : « Oui, la plupart du temps ».

J'avais cette impression de dérogation spéciale des lois de là-haut, de l'au-delà, une autorisation que tu as eue de m'en dire tant, voire trop. Merci !

Je n'ai pas pu le garder pour moi, je pense que ces belles informations sur ton nouveau monde peuvent aider. Je l'ai dit à ta sœur déjà et à ma mère.

J'espère que cela ne fera pas que tu ne reviendras plus me parler.

Tu es le seul à me faire avancer, à me donner le sourire, c'est tout ce dont j'ai besoin ! Merci ! C'est énorme ! La terre va trembler quand on va se retrouver ! Tu déchires ! C'est génial ce que tu fais !

Le réel n'est pas uniquement ce que nous voyons, le vent est réel et ne se voit pas, l'air est réel, le rêve est réel !

Dans la vie matérielle, la spiritualité est à la périphérie, car ce n'est pas perçu comme réel !

J'ai eu une tendance à me réfugier derrière mes rêves, encore aujourd'hui parfois, je me surprends à préférer l'état de sommeil que l'état d'éveil, cela me paraît plus réel, car on y voit différemment, on ouvre les yeux sur tellement de choses dans les rêves !

Le rêve permet d'accéder aux mondes invisibles, aux présences, aux guides. Le rêve rassure aussi, car c'est une ouverture à des informations difficiles d'accès.

> *« Qu'est-ce que le réel ? Quelle est ta définition du réel ? Si tu veux parler de ce que tu peux toucher, de ce que tu peux goûter, voir et sentir alors le réel n'est seulement qu'un signal électrique interprété par ton cerveau. » (Réplique de Morpheus)*
>
> Extrait d'une réplique de Matrix ou La Matrice, un film australo-américain de science-fiction, réalisé par Andy et Lana Wachowski et sorti en 1999.

25 octobre

Réveil à chier ! Merdique ! C'est trop dur sans toi, sans rêve aussi ! Il faut que je me contente de mon rêve de l'autre nuit ; il ne faut pas que je m'habitue à en faire toutes les nuits, ma vie c'est aussi le jour ! Quelle frustration ! J'en veux toujours plus !

Après avoir écouté « Socrate, Jésus, Bouddha », de Frédéric Lenoir, je me sens mieux ; il ne faut pas s'entasser, écouter un mec comme ça, ça aide ! Akhena, la pro des Sorties du Corps en France, m'a répondu, elle me confirme que nous communiquons dans les rêves. C'est super !

Pour ceux qui se demandent de quoi je parle, j'ai oublié de définir ce qu'est une sortie du corps. D'abord, je précise que je ne me suis intéressée à cela qu'après la mort d'Aurélien. Je me suis dit que le seul moyen d'aller un peu dans son monde était de quitter mon corps. J'avais lu dans des ouvrages tels que celui du Docteur Raymond Moody (au sujet des Expériences de Morts Imminentes) que des gens sont sortis de leur corps lors d'une anesthésie, d'une chirurgie… Pourquoi pas moi ? Je me suis renseignée premièrement en ligne pour me procurer une drogue, la kétamine (molécule utilisée comme anesthésique général en médecine humaine et en médecine vétérinaire) pour faire une sortie de mon corps… Puis j'ai trouvé le site d'Akhena, qui enseigne les sorties du corps. Je l'ai donc appelée pour savoir comment sortir de mon corps et si la kétamine pourrait m'aider à accélérer le processus. Elle m'a clairement dit de ne pas faire cela, que la sortie du corps peut être apprise naturellement, avec des techniques basées sur la respiration profonde, la méditation, à l'aide de sons vibratoires (tels ceux des bols tibétains)…

Cependant, elle m'a informée sur le fait que pendant mes rêves je sors très certainement de mon corps non consciemment, c'est-à-dire que je ne réalise pas « je sors de mon corps » quand cela se produit ; mais que mes rêves sont de réels voyages hors de mon corps puisque j'interagis dans d'autres dimensions.

Le 26 octobre

Je t'ai vu dans un rêve ; on se retrouve, on se serre.

Je dois aller chez le notaire pour les papiers ce matin ! Super !

Pendant la sieste du matin, fatiguée à cause des somnifères et Lexomil, j'ai encore eu ces tremblements, ces vibrations géniales et étonnantes ! Je suis sûre que c'est toi, cela m'apaise, me relaxe, c'est une présence forte, j'ai senti une chaleur sur la bouche. Peut-être es-tu venu m'embrasser ?

Lorsque l'on apprend les sorties du corps ou que l'on s'y intéresse, on sait que les premiers signes qui montrent que l'on va sortir sont les vibrations... Me préparais-je peut-être à cela ?

27 octobre

J'ai enfin eu ce Rdv pour une connexion avec les juments décédées elles aussi !

Vous êtes tous morts franchement, merde !

La femme s'appelle Laila Del Monte, je l'ai contactée quand tu étais encore vivant pour savoir de quoi les juments étaient mortes. Lors de la connexion avec les juments, tu lui es apparu sans que je lui dise que tu venais de partir ! Elle est à Los Angeles, je suis en Picardie, c'est fou, elle t'a vu. Elle a senti que tu avais eu un accident, que tu étais parti brutalement. Laila Del Monte a dit que tu aimerais que ton père te pardonne d'être mort, de causer tellement de souffrance. Tu as dit à Laila que quelque chose de bleu délavé, un sweat, quelque chose comme ça (j'ai pensé immédiatement à ton sweat acheté en Grèce que tu adorais porter), doit être toujours présent avec moi partout. Aussi, tu lui as transmis que je devrais m'occuper des chevaux restants pour aller mieux. Elle m'a dit d'autres choses que je suis seule à savoir, c'est incroyable ! En fait, je comprends, si cette connexion pour les juments est arrivée si tard en octobre c'est pour une raison, c'est juste pour que tu aies pu t'y introduire et passer tes messages ! Il était sûrement écrit que tu devais partir entre le temps où l'on a réservé ce rendez-vous ensemble et le rendez-vous lui-même. Il était prévu que tu allais avoir l'occasion de passer par cette dame qui se connecte avec les esprits des animaux décédés et parfois des humains ! Waouh ! Bravo !

À travers les juments, la communicatrice a pu voir ton départ, et m'orienter vers l'un de ses amis, conseiller spirituel. Je prendrai rendez-vous avec lui pour parler.

28 octobre - Tu me prouves par l'intermédiaire de ma cousine que tu me voies ! Comme tu déchires !!

Coralie, ma cousine, m'a dit que tu es venu dans ses rêves, tu lui as dit que je mangeais de la soupe tous les soirs. Elle ne m'a pas vue ces derniers jours, ceci est totalement vrai, je mange ma soupe tous les soirs comme une tôlarde, c'est mes parents qui en font et m'en donnent. Elle ne savait pas, tu es donc bien venu lui dire ceci, qui n'est pas une info importante, mais qui prouve que tu me voies !

Merci !

Partager mes rêves est très important, raconter mes rêves à quelqu'un (amie, mère, sœur, cousine) tout simplement, car j'aimerais que tel ou tel message passe, aussi, car certains rêves sont indécryptables au réveil, mais laissent des sensations… Un regard extérieur est toujours le bienvenu ! Un peu comme les Sénoïs aiment raconter leurs rêves tous les matins, moi aussi, quand je me lève j'aime raconter mes rêves à mon entourage… quand entourage il y a… sinon, je les garde pour moi !

Le rêve peut rendre solitaire parfois, incomprise. Peu de personnes y croyaient au début... maintenant, tout mon entourage croit fermement à la vérité des messages reçus dans certains rêves, tout simplement, car beaucoup ont été validés dans la réalité... Je reçois de nombreuses informations à leur sujet pendant le sommeil...

Attention, il n'y a pas d'intrusion dans la vie privée des gens, de mes proches, mais juste une réception d'informations utiles à leur vie, ou utiles à moi-même pour leur parler. Par exemple : je rêve d'une amie qui pleure et me dit qu'elle va mal, je peux lui téléphoner le lendemain et lui demander de ses nouvelles, souvent ça s'avère être vrai... Je ne demande jamais à recevoir des rêves sur mes proches, juste sur moi-même, mais parfois je reçois des éléments à leur transmettre.

Par exemple, en décembre 2013, mon oncle José, décédé quelques mois plus tôt est venu me dire dans un rêve qu'il souhaiterait voir ses enfants réunis... N'étant pas chez moi, autour de mes proches, mais en voyage à Hawaï, je ne pouvais pas savoir que sa fille aînée était en Picardie à deux doigts de voir son petit frère... Un coup de téléphone a suffi pour comprendre qu'en France il était effectivement difficile pour mes proches de mettre en place une rencontre entre les enfants de mon oncle...

Dans mon rêve, mon oncle exprimait son mécontentement de constater que ses enfants n'allaient peut être pas se voir, alors qu'ils n'étaient qu'à quelques kilomètres l'un de l'autre ! Quand j'ai dit cela à ma cousine, Coralie, elle a fait son possible pour que les deux bambins se voient une après-midi ! Mission accomplie, José avait passé son message, les enfants se sont vus ! L'esprit de José était tranquille !

30 octobre - Tu as une mission là-haut

J'ai rêvé de toi, tu tenais un bébé dans les bras, je t'ai demandé ce que tu faisais, tu m'as dit que tu ne savais pas trop, mais que tu devais t'occuper des bébés.

Je sais que quand tu étais enfant tu voulais être pédiatre, as-tu pour mission de t'occuper des bébés dans l'au-delà ? En tout cas, c'est mon intuition.

Dans la vie de tous les jours, j'ai l'impression que tu es souvent là, je ris des fois, c'est toi qui me fais rire. Tu ne peux pas participer à nos conversations, je sens que tu dois être frustré de ne pouvoir répliquer à haute voix. Tes rires, ta présence, tes commentaires pertinents me manquent.

Je sais profondément que dans cette autre dimension, « ils » vivent comme nous, sont autour de nous ; bien sûr, ils ne sont plus dans un corps physique et ne font plus les mêmes choses. Ils continuent d'être autour de nous, de parler via la pensée, d'aider, de soutenir par leur énergie. Je pense aussi qu'ils ont accès à d'autres dimensions, sortes de palier d'évolution, comme à l'école. Ils apprennent, comme pendant la vie terrestre où nous apprenons chaque jour de chaque expérience... Là-haut, c'est pareil ! On continue l'évolution. Aurélien m'a même déjà révélé depuis sa mort que l'on voit certaines personnes au début, puis qu'on ne les voit plus ; chacun sa mission, chacun son monde aussi, chacun sa route. Comme dans la vie terrestre.

31 octobre

J'ai rêvé de cette amie d'enfance chez qui nous nous sommes rencontrés, Célia, elle boit un verre dans un pub et quand elle me voit elle fait semblant d'être triste. Je sais qu'elle s'en fout que tu sois mort ou alors elle préfère ne pas trop s'impliquer pour m'aider. Tu dois voir de là-haut, elle est peu présente avec son copain, c'était plus facile quand tu étais en vie quand nous faisions la fête sûrement, enfin, c'est ça les humains !

Ici, ce rêve répond à une question posée dans la vie réveillée, une question concernant la sincérité et le degré d'intérêt qu'une amie d'enfance porte pour le décès d'Aurélien. Son soutien envers moi a été nul et son ignorance de ma souffrance me sidérait ! Après, peut être que tout cela est une création de mon esprit, douteux de sa sincérité… mais non, dans la vie, cela s'est avéré vérifié et vrai. Cette « amie » n'a pas cherché à m'aider, peut-être n'en avait-elle pas les capacités, ou simplement pas l'envie… Je m'efforce de ne plus la juger, nous ne nous voyons désormais plus du tout, pas un email, pas un SMS. A-t-elle été effrayée par la situation ? A-t-elle cru que le malheur était contagieux ? Se sentait-elle mal à l'aise de continuer sa vie avec son copain devant moi ? Ou encore, Aurélien était peut-être celui qu'ils préféraient et me voir seule n'avait donc plus d'intérêt ? Je ne le saurai jamais, mais la réaction de cette amie de longue date et de son conjoint restera un mystère… Pour son copain, Thierry, j'ai su par un rêve qu'il était extrêmement choqué, traumatisé et ne pouvait plus passer le pas de ma porte sans voir son meilleur ami… dans ce rêve il hurlait debout, là, devant ma maison, et ne pouvait atteindre ma porte, cela était au-delà de ses forces, je ressentais tout ce qu'il ressentait.

1er novembre - Encore des enfants, décidemment ! C'est ta mission !

J'ai rêvé de toi entouré d'enfants. Tu étais dans une Église, décidément, tu dois t'occuper d'enfants ?!

Je dors de moins en moins bien. Au début, le choc m'anéantissait, les médicaments aussi, je m'habitue aux médicaments, et je réalise davantage la réalité, donc je dors moins évidemment.

3 novembre

Encore Célia qui fait semblant d'être triste dans un rêve.

Toujours en rêve, je te vois à la chambre funéraire, tu me dis qu'ils ont touché à tes ongles, que tes ongles sentaient mauvais. Tu parais choqué, car ceux qui préparent les corps ont touché à tes ongles. Rêve difficile à encaisser.

Je ne savais absolument pas ce en quoi consistait le travail du thanatopracteur avant, mis à part qu'il lavait, maquillait et remplissait le corps de formol… Après quelques recherches, à l'issue de ce rêve, j'ai pu apprendre que le thanatopracteur fait bien plus que cela… Il s'occupe même des ongles tiens donc !

5 novembre - une belle conversation encore !

Encore dans mes rêves, bien clair ! Nous parlons tous les deux, tu m'expliques qu'au début, après ta mort, tu n'as rien compris, c'était trop rapide. Tu ne pouvais pas croire que tu étais décédé.

Puis tu me dis verbalement : *« **Je ne comprenais pas quand je vous voyais pleurer à la chambre funéraire** » ;*

« Tu te rappelles quand on venait te voir à Albert, au funérarium ? », ai-je répondu.

*« Oui, je me voyais, je vous voyais pleurer, toi, mes sœurs... je ne comprenais pas pourquoi, **puis j'ai compris que c'était parce que j'étais mort ! ».***

« Je parlais à ton corps, mais je savais que tu étais au-dessus ! Je le savais ! »

« Oui, j'ai vu, tu as vite capté, c'est bien Carole ! »,

Tu m'as répondu : *« Quand je suis mort, j'ai eu un peu mal quand même dans le ventre, mais c'est allé très vite, j'ai pris du temps à réaliser que j'étais mal. »*

« Peux-tu lire dans mes pensées ? », ai-je demandé.

« Oui, je peux à tout moment. », a-t-il répondu.

« Alors tant mieux, je n'ai plus besoin de te parler à voix haute. »

« Est-ce toi qui fais bouger les flammes des bougies qui brûlent ? »

« Non, ce n'est pas moi. »

Lorsque tu m'as dit cela, j'ai été assez déçue, moi qui croyais que tu pouvais faire bouger les flammes de bougies, quelqu'un m'avait dit cela, alors je passais mon temps à regarder les flammes de bougies pour savoir si tu étais là... C'est raté, ce n'était pas toi !

« Est-ce que tu manges ? », ai-je demandé.

« Non, je n'en ai plus besoin, ce n'est pas plus mal, je suis tranquille ! »

C'est sur le ton de l'humour que tu m'as répondu !

Cela était dénué de sens pour moi d'aller voir son corps des après-midi durant, de recevoir des gens qui venaient le voir et repartaient après avoir « compati », puis retournaient à leurs occupations. C'était comme le Musée de cire, Grévin à Paris, Aurélien, son corps n'avait rien d'un humain, mais bien d'une statue que les gens venaient voir.

Dans un autre rêve, cette même nuit, alors que nous sommes dans notre maison, je te vois te coucher en sous-vêtements, je sais que tu es décédé, consciente de la réalité, mais tu es là ! Alors, je te dis : « Je suis contente de te voir, même si je sais que tu es là par ton esprit, c'est bon de te voir physiquement ! » Ton allure est celle que tu avais à 20 ans, alors, je te dis : « mais tu as 20 ans ! » ;

« Il est possible de choisir son apparence Carole ! Tout est possible ici ! » (Tiens, ça me rappelle Filipe qui me disait ça aussi dans les rêves !)

On se serre dans nos bras, puis tu me dis : « Tu sens bon tu sais », je te réponds « Toi aussi ». Tout est comme d'habitude, c'est tellement étonnant ! »

« L'interprétation des rêves chez les Amérindiens est étudiée depuis des siècles. Dans les cultures autochtones du Canada (Indiens d'Amérique), les peuples des Premières nations prêtent beaucoup attention à la spiritualité, dont les rêves qu'ils font depuis des milliers d'années. La plupart des autochtones perçoivent leurs rêves comme si

c'était leur subconscient qui leur envoie des messages ou le grand esprit qui communique avec eux où ils évoluent de façon psychologique et spirituelle. De même, ils peuvent entrer en contact avec les morts. Les rêves peuvent indiquer le chemin à suivre ou en proposer un, s'il y a un choix à faire, et aussi prévoir l'avenir. Par l'importance des songes, les autochtones en parlent souvent en groupe. Ils demandent l'avis de l'un de l'autre sur le sujet et ils échangent leur vision de ce qu'il pourrait signifier. De même, ils peuvent en discuter avec les plus sages de leur communauté ou au chaman, puisqu'ils ont de l'expérience dans ce domaine et prennent le temps nécessaire pour le démystifier. Cette pratique prenait beaucoup d'importance dans leur vie, car cela faisait partie de leur culture et de leur croyance. Cependant, ce ne sont pas tous les peuples qui exercent cette pratique de façon collective, mais ils interprètent leurs rêves de façon individuelle. »

Source : Kouba Ronan (2010), Le secret de la sagesse amérindienne

Le rêve est un compagnon. Il influence mon humeur de la journée, un certain temps est nécessaire chaque matin pour redescendre sur terre. Dans la journée, encore aujourd'hui, je ne fais que de valser entre la vie éveillée et les rêves, des souvenirs de rêves ne cessent de ressurgir chaque jour dans l'action. Par exemple, si j'entends parler de kangourou, mon rêve sur les kangourous va revenir immédiatement à la surface. Certains rêves apportent confiance et bonne humeur, d'autres apportent doutes et peurs ! (ça rime !)

13 novembre - tu me suggères de développer un don

Rêve : Nous sommes en soirée je ne sais où, tu es là, on danse, je sais que tu vas décéder, tu me dis : **fais tout ce que tu souhaites Carole, pour ne rien regretter, amuse toi !** *».*

Encore un beau message, une morale, une conduite à tenir dans la vie.

Pendant les siestes, les connexions avec Aurélien étaient plus fréquentes, je me suis renseignée sur la question. Nous sommes suffisamment reposés pour recevoir davantage de messages pendant les siestes, ou encore en fin de nuit vers le matin.

« À la sieste, ce matin, vers 10h, je me suis rendormie ; j'ai rêvé de toi, on parle dans Albert, tu me dis qu'il faut que j'approfondisse un don de médium que j'ai en moi, que cela aidera les gens. Nous allons ensemble par une sorte de téléportation dans un cimetière, où nous voyons une jeune femme pleurer sur la tombe de son mari. Le jeune homme décédé sort de sa tombe et embrasse sa femme ; tu répliques : « Tu sais, parfois on croit que les gens sont dans leur tombe, mais ils n'y sont pas ! »

Je te demande dans un autre passage de ce rêve si je vivrai vieille (car je ne veux pas que ce soit long), *tu souris, et me dis : « Tu verras, laisse faire les choses ».*

Il arrive que je ne sache que faire d'un rêve, d'une information. Parfois, je me sens embarrassée par certains rêves. Je ne peux jamais savoir si cela est la pure vérité sur les autres personnes ou une situation, parfois ça ne l'est pas, mais ce peut être bien mes projections personnelles et mes peurs… Il faut dans ce cas attendre la validation ou non par l'expérience, par la vie.

Le seul moment où je sais que c'est la pure vérité c'est quand le rêve me concerne, quand une personne décédée vient me parler et que je sais en toute conscience qu'elle est décédée : je suis consciente DANS LE RÊVE et cela change tout !

14 novembre - Les personnes décédées s'absentent parfois

Dans un rêve, tu me dis que tu devras t'absenter quelques temps, tu te rends dans une chambre. Je vois Tulipe, notre pouliche qui broute en pâture.

Ensuite, tu me parles au téléphone, nous pleurons tous les deux, on s'ennuie l'un de l'autre, on veut se revoir, c'est dur.

15 novembre - Tu es encore absent !

Je te téléphone encore, ton répondeur dit que tu n'es pas là, mais dans le village de ton enfance, chez tes parents dans l'Oise.

Durant l'après-midi, j'ai vu ma psychiatre, voilà ce que j'en ai tiré, et ce qu'elle veut me faire penser : elle me dit que je pense que l'on contrôle la vie, qu'il ne faut pas penser pouvoir contrôler quoi que ce soit ! Ma psy estime que je ne devrais pas penser qu'à communiquer avec toi, mais moi, je l'emmerde ! Si ça m'aide, et si tu es d'accord pour venir où est le mal ? Côté suicide, elle ne pense pas que ce soit la solution, car sans moi, selon elle, plus personne ne sera là pour parler de toi et te faire vivre. Pourquoi pas ? Elle compare notre histoire à celle de Titanic, où Jack meurt à la fin, leur histoire d'amour est le temps d'un trajet en bateau, histoire forte, mais courte ; et sans Rose qui raconte l'histoire, personne ne peut faire vivre ce Jack congelé sur la banquise ! La psy me suggère d'accepter ta disparition ! (Tiens sans blague ? Je n'y avais pas pensé !!) Aussi, un truc intelligent qu'elle a dit cette fois, est que si je n'avais pas été instit, nous n'aurions techniquement pas pu pas passer autant de temps ensemble, car je lui relatais mes regrets de ne pas avoir vécu pleinement heureuse à cause de ce métier qui me rongeait.

17 novembre - Tu me fais comprendre que tu es encore parti (je ne sais pas où.)

Cette histoire d'EXUR dans un précédent rêve m'intrigue, tu m'avais dit que tu devrais t'absenter pour l'exur, peut-être est-ce une étape après le décès, le purgatoire, je ne sais pas...

Dans un rêve de cette nuit, nous sommes sur un bateau, je sais que tu vas mourir, tu as un problème à la tête...

Dans un autre rêve, j'essaie de te téléphoner, tu es absent, je tombe sur ta messagerie, tu ne réponds pas alors que tu ne m'as jamais fait ça en 7 ans ensemble ! Je trouve cela bizarre, je pleure. D'un coup, tu apparais, on se serre. Je suppose que le coup de téléphone est mon désir de te voir dans un rêve. Tu ne réponds pas, car tu n'es pas toujours autour de moi, c'est normal, tes parents ont besoin aussi ; puis tu apparais, je suppose que tu as entendu mon appel dans ton esprit. »

La question de l'EXUR : Après avoir lu de multiples ouvrages depuis la mort d'Aurélien, ainsi qu'effectué des recherches pour ce livre (donc aujourd'hui en 2014) auprès de sites ou livres rédigés par des médiums, et autres sites paranormaux, j'ai pu confirmer que les esprits des défunts doivent s'absenter peu de temps après leur mort. Une période où la communication est impossible, elle varie suivant les défunts et peut – être plus ou moins longue. C'est la période de transition vers le plan supérieur. Ce serait peut-être cet « exur » dont il m'a parlé avant ? (Personne dans les livres ou les sites web n'utilise ce mot.)

Ensuite, la communication est à nouveau possible.

« Vers Midi, j'ai refait une sieste, cela devient une addiction, plus je dors, moins je suis dans la réalité, et plus les contacts sont faisables entre toi et moi ! J'ai eu des frissons, des vibrations intenses et bizarres à deux reprises ; mon corps se raidissait, mon cerveau était dans un état de transe, j'ai cru que j'allais sortir de mon corps.

La journée a été très dure aujourd'hui, peu d'espoir, envie de te rejoindre, rien d'autre, marre de me battre pour accepter.

Des journées atroces viennent de se succéder, j'ai fait des recherches sur le Web pour voir comment se tuer efficacement sans souffrir. Je n'ai pas trouvé de technique rapide et efficace, et pas trop dégueulasse. Je ne me vois pas me pendre à ma mezzanine, ce n'est pas cool pour ceux qui me retrouveraient, puis apparemment ça prend quand même quelques minutes d'étouffement. Les médocs, c'est à double tranchant, la balle dans la tête, si j'me rate c'est bien crade..., puis de toute façon j'ai pas d'arme à la maison ! Je m'attendais à trouver des petits malins sur internet qui mettraient une recette facile, une combinaison chimique, une recette de grand-mère rapide et efficace. Rien, il n'y a rien qui ne me convienne ! Le suicide, on verra plus tard ! La réponse me sera donnée peut-être bientôt ! »

« Pour nous faire accepter la vie, Dieu a été forcé de nous en retirer la moitié. Sans le sommeil, qui est la mort temporaire du chagrin et de la souffrance, l'homme ne patienterait pas jusqu'à la mort. »

Journal des Goncourt - Edmond de Goncourt, Jules de Goncourt

21 novembre - Tu me dissuades de me suicider

« Tu t'approches de moi, me tiens la main et m'emmènes par sorte de téléportation. Je sais consciemment dans le rêve que tu es décédé ! C'est une communication avec ton esprit !

Premièrement, tu me montres une fille dans un hôpital, elle fait un lavage d'estomac, elle a des tuyaux dans le nez et la gorge, elle est très blanche. En fait, elle a pris trop de médicaments, elle voulait se foutre en l'air ! Waouh, c'est horrible, elle voulait revenir en arrière et ne jamais avoir fait ça. Son estomac lui brûle horriblement, les tuyaux dans la gorge lui donnent envie de vomir. Je suis en mesure de ressentir tout ce qu'elle ressent, c'est assez incroyable !

Toi, tu ne parles pas, tu m'emmènes juste d'endroits en endroits.

Deuxièmement, tu me montres une femme avec de longs cheveux noirs, qui saute d'une falaise, elle se tue. Elle aussi en a marre de la vie et n'a plus d'espoir. Encore une fois, c'est incroyable, je ressens tout ce qu'elle ressent : ses sensations quand elle saute de cette falaise. Elle ressemble à Morticia dans la famille Adams, elle est glauque, elle a peur, elle regrette pendant son saut vertigineux, elle est terrifiée par la peur ! Je vois clairement le peu d'espoir qu'il lui reste, comme son esprit est sombre et torturé, mais c'est trop tard ! Je te dis que ça doit être dégoutant de retrouver son corps ensuite.

Message passé ! Merci ! Je comprends que le suicide n'est pas la solution et que je regretterai dans la minute où je serais passée à l'acte. Je sais aussi que c'est atroce, terrifiant et irréversible !

Dans un dernier rêve anecdotique et court, je te tends des médicaments pour dormir, ma came quoi ! Tu refuses et me dis "Trop dormir c'est mourir !".

Je comprends aussi ton dernier message, dormir trop c'est mourir ! Tu me vois de là-haut, et c'est vrai que je passe mon temps à dormir.

Tu me scotches sérieux ! Tu me sidères ! »

Merci ! »

Le rêve aide à prendre la bonne direction, à agir dans le bon sens pour nous-mêmes.

Le rêve apporte une claire connaissance de soi. Je n'étais pas prête à vivre ce que les suicidés vivent. Les sensations étaient désagréables. Sans faire un culte du rêve, il faut savoir se demander ce qu'est le message à en tirer, il est sage de voir le rêve comme un film !

25 novembre - Je te rencontre souvent à des « rêves party ! »

« Je pense que là-haut ils se rassemblent beaucoup, je rêve souvent de toi à des soirées, type anniversaire, communion, baptêmes... Je crois que ça fait la fête là-haut, on célèbre je ne sais quoi...mais on célèbre ! Ton arrivée parmi eux peut-être ?

J'ai rêvé d'une soirée où il y avait tous tes copains d'enfance.

Dans un autre rêve, je vois deux petites filles jumelles, leur peau est noire, elles savent qu'elles vont mourir, elles précisent quel type de couffin elles veulent dans leur cercueil, elles habitent notre maison. Est-ce que ces deux jumelles nous représentent ? Ou représentent-elles nos âmes ?

En parallèle, dans la vraie vie, aujourd'hui en ouvrant mon courrier, j'ai reçu une lettre de ma mutuelle, et deux petites filles noires représentaient une association, les mêmes visages que dans mon rêve. Coïncidence ?

26 novembre - Encore une soirée, mais toujours besoin de repos

Lors d'un rêve où nous faisions une soirée crêpes, avec tes sœurs et beaux-frères, je te vois, tu es là, mais tu as besoin de repos, tu es allongé sur un lit.

28 Novembre - Quand ne rien faire gêne, c'est être reconnu

Cela ne fait que 2 mois et demi que tu es parti ; ils me saoulent tous (sauf mes parents, ma sœur, mon amie Marie, mes deux cousines Coralie et Céline) à me demander ce que j'ai fait aujourd'hui ? Ils m'appellent pour me dire « qu'as-tu fait aujourd'hui. » D'abord qu'est-ce que faire ? Ils me disent aussi « viens à la maison quand tu veux ! » Ils ne comprennent pas que je m'en fous ! Sortir, c'est la norme ! Faire, c'est la norme ! Être occupé c'est la norme ! Lâchez-moi ! Travailler c'est la consécration ! C'est central ! « Tu travailles ? » « Tu as repris le travail ? » ! Mais ils ne se rendent pas compte tous ces robots ! C'est le dernier de mes soucis de travailler, de faire des choses, de sortir ! Hier, je me demandais si je me tuais ou pas !!! Quelle bande d'inconscients ! On voit qu'ils ne sont pas touchés en pleine tronche ! Ils ne se rendent pas compte. Et tant mieux pour eux ! Je ne souhaite cela à personne ! Tu n'as pas le droit de t'exclure un peu, de t'isoler. Ils me demandent aussi « qu'est-ce que tu as mangé aujourd'hui. » Pareil, je m'en tape de manger ! Rien n'est essentiel ! Ils ne se rendent pas compte, c'est le dernier de mes soucis, quand ce sera une question que je me poserai, c'est que je serai en pleine forme ! Que de futilités : manger, sortir, travailler, faire ! Surtout Faire ! Être actif, ne pas prendre le temps, voilà ce que tout le monde veut, il faut que ça bouge, je ne peux pas faire du sur place, il faut que ça avance ! Je ne peux pas même si ça les rassure ! Cette société à 100 à l'heure me dégoute ! Mon monde s'est arrêté de tourner, pas le leur.

Beaucoup de réveils atroces, se réveiller est l'étape la plus dure, toujours se remettre en tête, chaque jour, que tu es parti, mort, que c'est fini.

3 décembre - Une belle conversation avec des révélations sur l'au-delà !

Je rêve que je te téléphone, tu es en Belgique ou quelque chose comme ça, peut être Nord de la France, Lille... voici la conversation :

Moi : « Je peux venir te voir là où tu es ? »

Toi : « Oui, mais tu ne me verras pas. » (Sous-entendu physiquement)

Moi : « Ah oui, c'est vrai tu es mort ! » (J'avais oublié ce détail !)

Toi : « Mort, heu... Oui, on va dire ça comme ça, mais pas vraiment. » (Ceci ne lui a pas plu quand j'ai dit qu'il était mort, pour lui c'était faux)

Moi : « Je t'entends mal au téléphone, pourtant c'est bien ta voix. »

Là, dans la réalité, ma mère et ma tante arrivent dans ma maison pour faire du rangement, c'est le bazar ici, je me réveille.

Je me rendors, la conversation ne peut pas se finir comme ça !

Je te vois, chemise ouverte, tu es magnifique, et content de me voir en vrai, et non au téléphone !

Moi : « Je suis contente de te voir. »

Toi : « Moi aussi, quand même ça fait du bien ».

Moi : « Tu me vois tout le temps ? »

Toi : « Au début, oui, mais là, moins, je te vois dès que tu m'appelles. C'est pas plus mal, car tu parlais trop au début, tu me faisais aller partout ! » Sous-entendu quand je parle de lui, je le fais venir par la pensée, et cela pouvait peut-être bien s'avérer contraignant pour lui.

Moi : « Tu es avec qui ? »

Toi : « Du monde, des gens que je connais, je les ai vus, mais pas tout le temps, c'est grand ici, je ne suis pas tout le temps avec eux ».

Moi : « Tu as vu mon oncle Pascal, décédé il y 23 ans ? »

Toi : « Oui, mais il n'était pas bien... »

Moi : « Tu as des ordres, un supérieur ? »

Toi : « Un peu, j'ai des obligations. » (Je sens que tu ne préfères pas en parler, que tu ne peux révéler tout.)

Moi : « Est-ce que l'on se réincarne ? »

Toi : « Non, je ne pense pas qu'on doive se réincarner, c'est quelque chose de rare. »

Moi : « Je t'aime, je t'aime, je t'aime. »

Toi : « Moi aussi ».

11 décembre

J'ai rêvé de toi, on se retrouve dans une pâture. Tu apprends que je suis dans un centre bouddhiste (tel était le cas) et me dis que tu es surpris. Je te réponds que c'est ça ou l'hôpital psychiatrique. Je t 'explique que je dois faire ça, car la séparation est trop dure.

Ensuite, je te vois, je te dis que je sais que tu es décédé, c'est alors que tu ripostes en disant : « Oui, mais j'ai dormi un peu, puis je me suis réveillé dans l'Autre monde. »

Aurélien n'apprécie jamais quand je le vois en rêve et que je lui dis qu'il « est mort ». Pour, lui ce n'est pas le cas. Il est juste de l'autre côté !

Nous sommes contents de nous retrouver.

« Je me sens bien dans ce monde, je dois me rendre par la pensée en Côte d'Ivoire pour aider des gens. » M'as-tu répondu.

Dans l'actualité, il y avait des problèmes en Côte d'Ivoire, je n'en avais pas connaissance, car dans le centre de retraite Bouddhiste, je n'avais ni la Télévision ni internet pour avoir les informations. En Côte d'Ivoire, des gens étaient morts, j'ai immédiatement pensé qu'Aurélien allait s'occuper des enfants décédés là-bas, car dans les derniers rêves il prenait soin d'enfants...

J'ai cessé d'écrire mes rêves pendant un long moment, puis de toute façon, je ne pourrais pas tous les partager même si je les avais tous écrits... Ce serait trop long à lire et sans intérêt. L'essentiel est de noter ou de se rappeler ce qui me sert, ce qui sert aux autres aussi. J'ai arrêté de répertorier systématiquement mes rêves, aussi parce que la plupart de mes questionnements avaient trouvé réponse dans de nombreux rêves.

Les rêves ont résolu pas mal de mes traumatismes, questionnements, refus d'acceptation... Pourrions-nous dire que ce sont les rêves seuls, ou encore une partie de mon « surmoi » qui auraient fait ce travail en accédant à des réponses ancrées déjà en moi, dans mon esprit? Pourrions-nous dire que les rêves seuls ont résolu ces problèmes ou encore les guides, en particulier Aurélien, qui, décédé, venait répondre à mes angoisses, mes questionnements existentiels, et sur l'après-vie ?

Pourrions-nous affirmer que tous ces rêves sont réels ou juste un signal émis par mon cerveau ? Si même la pomme que je mange est créée par mon esprit, alors les rêves aussi sont création de mon esprit... et si tout cela n'avait été que création de mon esprit ? À vous de juger... Je ne force personne à croire en quoi que ce soit.

Au fur et à mesure que les années ont passé, la fréquence des rêves avec Aurélien s'est espacée. Aurélien n'a-t-il plus le même accès à ma dimension de dormeuse ? Alors, avec tout ça, j'ai fait mes recherches... Quand nous dormons, nous accédons à une dimension appelée le monde astral, mais ce monde n'est pas le plus élevé en vibration...

Aurélien a continué son ascension, son évolution, la dimension du rêve est probablement plus difficile à atteindre pour lui. Leur énergie est fréquence vibratoire : plus elle est élevée, moins elle nous est accessible ; et moins pour eux là-haut, il est facile de redescendre en fréquence vibratoire. Le monde de l'au-delà est sur une autre fréquence que la nôtre, comparons cela à des fréquences de radio…

En tout cas, ce qui est sûr c'est que je n'ai plus les mêmes besoins, les mêmes demandes ; ce qui fait qu'Aurélien peut enfin s'occuper d'autres personnes, d'autres êtres vivants. Je sais qu'il est devenu un guide de plusieurs de mes proches, de ses proches, je le sais. Le guide d'inconnus aussi, d'enfants peut-être, sûrement même ! Les rêves de la première phase avaient pour but de « dégrossir » la situation, de donner des informations précieuses, nécessaires pour sortir du chaos de mon existence. Peu à peu, les rêves ont changé ; ils sont devenus plus subtils, me servant à gravir d'autres étapes de mon développement intérieur. Aussi, les rêves ont commencé à me donner des révélations sur la façon dont « la Vie après la vie » se déroule :

- Aurélien a des supérieurs hiérarchiques ;
- Après notre mort, il y a une phase d'apprentissage ;
- Il y a aussi une phase de repos, de transition vers un stade supérieur ;
- Il ne peut pas tout dire, une part de secret doit être gardée ;
- La réincarnation n'est pas obligatoire, l'âme choisit ;
- Animaux et humains ne semblent pas être toujours ensemble ;
- Humains d'une même famille non plus ne sont pas forcément toujours ensemble ;

- Quand on meurt, on sait que c'est le moment ;
- Là-haut, on a accès à beaucoup de savoir ;
- Ce monde est agréable ;
- Les priorités ne sont plus les mêmes : une musique d'enterrement n'a pas d'importance par exemple, alors que sur terre oui ; par contre les roses du jardin dans lesquelles il a investi beaucoup d'amour sont importantes…
- On se déplace par la pensée là-haut, les vivants peuvent faire déplacer les esprits de leur proche où qu'ils soient, il suffit de penser à eux ! La personne décédée aussi se déplace à l'aide de sa propre pensée.
- J'apprends encore beaucoup de choses dans les rêves à l'heure actuelle. Cet apprentissage est infini.
- Encore un pour la route : On peut choisir son apparence physique

Avril 2013 - Des révélations de plus en plus précises - un enseignement pour mon âme !

En 2013, au Printemps, alors que j'étais à Hawaii, Aurélien est venu dans un rêve me montrer ce qu'il pouvait faire dans cette autre dimension. Il portait sa chemise marron avec laquelle il a été enterré, une réglette entre les doigts à la manière un professeur qui fait un cours. Il se téléportait autour de moi à une vitesse incroyable en me disant que quand il pense « gauche » il se déplace à gauche, quand il pense « haut », il se propulse comme une fusée aussi haut qu'il le peut. Il avait l'air de bien s'amuser à voler dans tous les sens comme un fou ! « On peut tout faire ici, c'est incroyable Carole, je peux passer d'une dimension à une autre à une vitesse incroyable ! » Ensuite, nous observons ensemble des gens (leur esprit) parqués dans un ascenseur qui ne veut pas monter, ils sont juifs, ils viennent de se faire exécuter pendant la Seconde Guerre mondiale, ils sont bloqués ici, dans cet ascenseur. Leurs visages sont fermés, ils sont tristes, regardant tous vers le bas, et qui plus est, agenouillés, anéantis ! Aurélien me révèle dans le rêve qu'il doit les aider, et que je peux les aider aussi... Cependant, il ajoute que certains ne seront pas capables de prendre cet ascenseur, car ils ne le veulent pas.

Ici, j'apprends la façon de se déplacer dans ce monde, par la pensée. Je vois que les déplacements sont rapides. Aurélien m'a une nouvelle fois rappelé dans ce rêve, que je devais aider les âmes souffrantes. À mon réveil, j'avais l'impression d'avoir reçu un cours de « médiumnité ».

Il est temps d'arriver maintenant à l'étape suivante, la reconstruction, processus déjà commencé avec et par les rêves, mais qui va être plus marqué après une certaine prise de conscience qui surgit un beau matin du fond des gravas !

Chapitre 5

APRÈS LE TSUNAMI

« *Nous avons tous la prétention de souffrir beaucoup plus que les autres.* »

Honoré de Balzac.

1 - La décision

Se rendre compte que l'on ne va pas pouvoir survivre toute sa vie dans une telle souffrance est le premier pas vers la guérison ! Refuser de souffrir ! Ne pas aimer souffrir ! Détester souffrir ! Ce passage de la souffrance est bien sûr inévitable, il n'est pas question de refouler cette douleur, mais il n'est pas question non plus de l'alimenter.

Parfois souffrir permet de se sentir encore proche de la mort de la personne, et certains refusent d'aller mieux, car cela les éloigne du défunt. C'est ce que je ressentais au début.

Certains décident de rester dans cet état, car « je souffre donc je suis ».

Après cette souffrance **extrême** à chaque seconde, chaque minute, chaque matin, chaque réveil, chaque coucher, chaque repas, chaque sortie (rares à cette époque), chaque douche (forcée), chaque film, chaque lecture, chaque souffle… de bientôt trois mois, je n'en pouvais plus. C'était insupportable. Galérer, se forcer, subir, souffrir à en vomir…

Je savais désormais grâce à un rêve, des lectures, des films... que les suicidés restaient bloqués dans la souffrance de leur esprit. Un film l'explique très bien : *« Au-delà de nos rêves »* (un film de Vincent Ward, sorti en 1998, avec Robin Williams) film entièrement axé sur l'Au-delà. Un des personnages principaux se suicide, car elle veut rejoindre son mari et ses enfants tous décédés. Finalement, elle reste bloquée dans l'obscurité de son esprit, de sa souffrance. En effet, dans ce film, nous comprenons que l'esprit crée tout dans l'au-delà, nous pouvons créer un paysage, un café, un éléphant qui vole, un monde en peinture, puisque tout est création de notre esprit, comme dans le monde des rêves avec toutefois une part de réalité lors des interactions. Nous pouvons aussi reconnaître nos proches décédés par leur énergie, leur apparence physique peut être changée, nous pouvons choisir un âge qui nous convient le mieux, une apparence qui nous plaît (ça me fait penser à Filipe tiens donc !). Quand nous voyons dans ce film, l'épouse qui se suicide, nous comprenons bien que l'obscurité de son esprit et sa souffrance d'avoir perdu ses enfants et de son mari, sont toujours présents. Elle se croit seule, dans sa maison, sa solitude est toujours la même, ses pleurs aussi. Si l'esprit souffre dans le corps vivant, ce n'est pas en tuant ce corps, que l'esprit ne souffrira plus après. L'esprit continuera de souffrir encore dans l'autre monde, il sera le même, inchangé !

Le suicide n'était donc pas synonyme de fin de la souffrance.

2 - La « bouddhismothérapie »

Réaliser que ma peine n'est rien. Juste une création de mon esprit préoccupé par moi-même uniquement. Ce que j'ai vécu n'est rien, tout le monde souffre.

Trois mois après la mort d'Aurélien, sous les conseils de mon amie Arlette (Docteur), j'ai décidé de partir en retraite bouddhiste. « Par hasard », sur internet, j'ai choisi un centre de retraite bouddhiste près du Mans. Le centre Kadampa, je le conseille.

Dans ma chambre, Aurélien me manquait. Je me demandais ce que je faisais là, mais à la fois j'avais l'impression que cela devait arriver un jour : trouver un sens à la vie plus philosophique, plus bouddhiste, plus spirituel. Je savais qu'un jour il y aurait un changement, un tournant dans ma vie intérieure et extérieure.

Le silence était troublant et en plus il me manquait.

J'ai commencé à lire un de leurs livres, puisque le but de la retraite était « repos et réflexion », comme son nom l'indique, il s'agissait de se reposer et étudier le bouddhisme pendant 10 jours ; et revenir en ayant un peu avancé. J'avais quand même cette attente d'avancer et de comprendre la Mort, et cette « saloperie » de Vie au passage.

Cet ouvrage, *« Comment résoudre nos problèmes de la vie quotidienne»* de Guéshé Kelsang Gyatso parlait de non-attachement, des désirs de l'être humain, de patience, de sagesse. Des mots nouveaux... Y-a du boulot !

Daniel a sollicité les questionnements en moi en abordant la confusion que la plupart des humains font entre Amour et attachement ! En quelque sorte, pour Daniel, je ne pleurais pas par Amour, mais par attachement. C'était bien la première fois qu'on me disait cela, dans mon éducation à tendance culturelle chrétienne, nous pleurons les morts, nous portons notre croix !

L'Amour est pour les bouddhistes la capacité de notre esprit à aimer, à voir l'Autre heureux coûte que coûte ; même si son conjoint le trompe. Le pratiquant bouddhiste gardera cet esprit serein qui sera juste heureux de voir son conjoint ! Cocu mais content ! De même pour la Mort, pour un bouddhiste, il n'y a pas lieu d'être triste, car l'Autre va bien. L'attachement, basé sur le « je » le « moi » c'est de l'égoïsme, de l'addiction basée sur des attentes, nous avons besoin de la personne, nous avons besoin de sa présence, pour qu'elle **nous** apporte **notre** propre bonheur !

Waouh, la claque dans la tronche le Bouddhisme !

Ça décoiffe grave ! Une Vraie claque, une vraie prise de conscience. En fait, je peux éduquer mon esprit, le **reprogrammer !**

Je souffrais aussi à cause de ce que les bouddhistes appellent l'auto préoccupation ! Se préoccuper de soi, de sa douleur ; ça va bien deux minutes !

En plus, ce n'est pas bon pour Lui là-haut, les pleurs et les cris, et les émotions négatives.

Un beau matin de décembre, la cérémonie du POWO avait lieu au temple, ceci consiste en prier pour les défunts. Un des résidents avait perdu un proche et souhaitait effectuer cela en groupe. Les moines et les nonnes m'ont gentiment invitée à les rejoindre et à y inclure Aurélien. Il aurait fallu une photo de lui, un portrait assez grand afin que les puissantes prières des moines et nonnes, résidents atteignent efficacement par la visualisation, l'esprit de nos amis « défunts ». Ce moment a été le plus puissant de ma retraite, ils ont prié pendant facilement 1h30, ce qui était trop pour moi, novice débutante, mais j'ai quand même pu sentir la puissance énergétique qui se dégageait de cette cérémonie. Le but étant de libérer les défunts pour qu'ils aillent dans un pays pur, merveilleux et éternel, soit le paradis, chez les catholiques ; le Nirvana chez les bouddhistes. Aider à l'ascension de l'âme. Je me sentais légère après cela, détachée un peu plus, comme si ce cordon de souffrance entre lui et moi avait été un peu rompu. J'ai d'ailleurs bien pleuré après ce Powo, mais de bons pleurs, des pleurs de soulagement, de délivrance.

La nuit suivante, Aurélien est venu me dire dans un rêve que ce POWO l'a vraiment aidé, purifié et envoyé de bonnes énergies dont une bonne dose d'Amour, l'énergie la plus pure et apporte l'aide la plus puissante !

Autre grande découverte au temple, la notion de Karma ! Quelle horreur, quel casse-tête, au début, de comprendre que des actions négatives, faites avant, dans cette vie ou une autre, auraient des répercussions, comme une expérience qui en résulte ! Pas envie de croire en ça ! Puis, je me suis dit, que quand même, je n'étais pas là pour prendre ce qui m'arrange bien et jeter le reste à la poubelle, tout cela doit avoir du sens. C'est sans s'auto flageller que je devais accepter la notion de Karma. Le moine enseignant du centre bouddhiste souligne bien qu'il n'est pas utile de culpabiliser en pensant à son propre Karma, mais assimiler que tout arrive pour une raison. Alors, on prend des claques et on les accepte, car on les a engendrées. Aïe !

Exemple basique de loi du Karma : si je vole un jour un objet à quelqu'un, je serais dérobée de quelque chose à mon tour un jour ou l'autre, lors d'une vie ou d'une autre... Si l'on fait souffrir un être vivant, on souffrira un jour. Mais alors je me suis vite dit : « merde alors ! Qu'ai-je fait pour mériter ça ?! », « Ai-je tué dans une autre vie ? », ou encore « Mais Aurélien a-t-il tué dans une vie passée pour mériter de mourir si jeune » ?... Non, peut-être pas, on meurt tous un jour qu'on ait tué dans une vie passée ou pas ! Mais alors peut-être, suis-je trop attachée, dois-je apprendre le non-attachement... Pour eux, il ne sert à rien de savoir ce qui a été fait dans les vies précédentes au niveau des actions négatives ou positives, juste accepter l'idée de Karma, point barre. Doucement, j'apprivoise cette idée de Karma, et ça me plaît ! Je pense à cette saloperie d'Hitler et je me dis qu'il va bien en baver avec tout ce qu'il a fait !

Le débat le plus fou qui m'a toujours retourné le cerveau était le débat d'un soir de célébration de Noël, où Daniel m'a dit que, je cite, hum, hum « rien n'existe intrinsèquement, tout est créé par mon esprit ! ». Heu, là j'me suis demandé s'ils fumaient la moquette de la salle de méditation ! Daniel a souligné que la chaise sur laquelle j'étais assise n'existait pas, que si je lui enlève ses pieds, son revêtement, ses vis, et que j'étale tout par terre, ce ne sera plus une chaise. Donc cette chaise n'est qu'un mot, un concept. La chaise ne peut se dire « je suis une chaise », donc elle n'existe pas par elle-même, intrinsèquement. J'ai encore du mal, après une dizaine de retraites je comprendrai que « rien n'existe intrinsèquement ». Ce que j'ai compris est que cette notion s'applique aussi à nos émotions. Notre colère, souffrance, jalousie, peine, joie, n'existent pas, nous les créons aussi vite que nous pouvons les éliminer. L'image du nuage dans le ciel me plait bien : « les émotions sont comme des nuages qui passent dans le ciel, derrière il y a toujours le soleil ».

Puis, pour eux, notre esprit est juste malade, pas nous, nous ne sommes pas malades, car nous ne sommes pas notre esprit, nous ne sommes pas une jambe, ou une tête, ou un foie, pareil, nous ne sommes pas un esprit seulement. Les enseignants bouddhistes expliqueront mieux que moi je pense.

Je vois dans le cahier où mon séjour est noté, que certains matins, je me réveillais encore atrocement, face à la réalité de son départ, mais que je commençais à apercevoir la lumière au bout du tunnel ! Yes ! Je la voyais peu à peu ! Je voyais que je percevais mieux mon esprit, son état, et je parvenais à le calmer !! Enfin, j'apprends à le calmer, sans prendre de médocs ! Je souffre, mais je sais demander de l'aide à Bouddha, calmer mon esprit et aller en salle de méditation ! Quel progrès !

À mon retour de la retraite bouddhiste, mes proches ont retrouvé une Carole qui souffrait plus sereinement, qui comprenait mieux et acceptait progressivement le drame qui n'en était plus un.

J'ai aussi compris qu'à un niveau ou à un autre tout le monde souffre. Avant cette retraite, je pensais que ma souffrance détrônait toutes les autres, genre, « tu te rends compte à 26 ans tu perds ton copain, il n'y a rien de pire ! ». Après ce séjour, après de multiples rencontres, j'ai su voir que l'Autre souffrait aussi, tout autant que moi, et qu'il n'y a pas de classement de souffrances, de la plus petite à la plus grande ! Non, chacun souffre à sa manière… ne pas négliger les autres.

En parallèle, ma vie onirique continuait !

3 - Jongler entre rêves et réalité

18 décembre - Conversation sur ta mort ! Génial !

Encore un rêve qui prouve une fois de plus qu'il y a quelque chose après, merci tu es plus fort qu'un psy, rien n'est fini ! Tout continue ! Tu déchires ! Tu es le plus fort !!

Dans ce rêve, nous discutons dans notre chambre, on est dans le lit, je sais que tu es décédé, c'est incroyable !

Toi : « Quand je suis mort, j'ai vu le tunnel et la lumière. »

Moi : « As-tu souffert ? »

Toi : « Un peu, les tuyaux des médecins, ça fait un peu comme la sensation d'un lavage d'estomac, ça fait un peu mal, mais pas longtemps… »

Tu disparais ensuite.

Moi : « C'est super de pouvoir dormir ensemble, tu es souvent avec moi quand je dors ? »

Toi : « Oui, j'aime être auprès de toi ! »

Moi : « tu préfères être là-haut ou en bas ? La vie ou après la mort ? », sous-entendu, quel monde ?

Toi, ironiquement : « La vie, le fric, la bouffe ! Le fric, ça ne sert à rien, je rigole… Mais être avec toi, en Vie, c'était mieux, il aurait fallu qu'on parte à deux ».

Moi : « Pour aller mieux, que dois-je faire ?

Toi : « M'aimer... »

Moi : « Tu as fait comment pour communiquer avec Laila Del Monte, c'est trop surprenant ce que tu as fait ? Tu lui as parlé ? »

Toi : « Non, je ne lui ai pas parlé, elle doit avoir l'esprit omniscient, elle voit avec son esprit », je ne comprends pas bien.

Moi : « Et toi tu peux faire ça aussi ? »

Toi : « Non pas encore, j'apprends encore. »

Moi : « Es-tu allé sur la Lune ? »

Toi : « Il faut encore que j'attende plus de temps. »

Moi : « Et le suicide ? On se retrouvera ? Comme on est bien à deux ! »

Tu restes sans réponse, tu ne réponds pas, je ne te trouve pas très enjoué sur à ce sujet.

J'ai pu analyser que dans les premiers mois de sa nouvelle « après vie », Aurélien aimait être avec moi en bas, c'est bien pour cela qu'il me dit dans ce dernier rêve, à ma grande déception, qu'il préférait la vie ; il était encore probablement inquiet pour moi et attaché à moi...

Peu à peu, nous pouvons lire et observer que dans l'au-delà, il a tout à apprendre, comme un enfant qui nait ou comme quand on voyage, il faut s'adapter à un nouveau monde.

Si sa mort a été une épreuve, une expérience à surmonter pour moi, je crois que pour lui aussi. Bien sûr pas de douleur et de souffrance mentale et émotionnelle (quoi que...) comme nous ici-bas, mais une forme de passage évolutif de son âme qui n'a pas été sans contraintes !

Dernière analyse de ce rêve : j'ai demandé à ceux qui ont entouré Aurélien le jour de sa mort et effectivement, il a été intubé. Selon ma cousine infirmière, c'est la démarche de réanimation, je ne le savais pas, je n'avais jamais encore interrogé personne à ce sujet dans ma vie (je ne regarde pas ces séries TV sur les urgences, j'ai plutôt tendance à éviter ce genre de séries médicales !). Ce rêve qu'il m'a révélé a donc été validé.

Si un jour, je suis lue, voilà, je ne prétends pas détenir la vérité, ou avoir le droit de donner des conseils, mais là, je pense que cela doit être dit, quelqu'un me le souffle à l'oreille : si cela ne vous arrive jamais avec un ou des proches de l'autre monde, n'oubliez pas **qu'ils essaient quand même de vous atteindre**, croyez y, et demandez lui de venir dans vos rêves, avec conviction, faites confiance en cette personne décédée qui est juste de l'autre côté de la porte et qui ne demande qu'une chose, que vous ouvriez la vôtre en croyant ! C'est plutôt magique ! C'est par contre tellement réel, que le réveil est dur, le retour à la réalité est assez perturbant parfois, un émerveillement souvent ! Même si vous n'avez pas ce cadeau d'avoir une conversation claire et sensée, juste une apparition de la personne qui dit que tout va bien, ou qui apparaît joyeuse et lumineuse suffit pour vous faire avancer de quelques marches assez rapidement ! Pour ma part, un rêve était plus efficace que 548 séances de psy !

19 décembre

Je me vois décédée en bas de mes escaliers, je vois mon corps mort, assis, recroquevillé, tête dans les mains, accoudée sur mes genoux, je vois mon corps jour après jour gonfler, mes doigts sont boudinés, gonflés, énormes, et durs. Ça fait drôle de se voir de l'extérieur !

Ce rêve peut être une expression de mon état intérieur, mort, froid, triste, mon âme est morte !

23 décembre

Je me suis coupée moi-même la main, elle bouge encore alors je l'ai mise dans un sac plastique. Je l'ai ensuite recollée. C'est dégueulasse !

Tout ça pour bien montrer que tous mes rêves n'étaient pas roses, beaux et rassurants et en connexion avec l'au-delà ! Certains n'avaient même pas de sens du tout ! En tout cas, lorsque mes rêves ne sont pas clairs, je ne cherche pas à les interpréter, je n'en ai pas les capacités. Donc, lorsqu'ils étaient censés, cela ne découlait pas d'une création de mon esprit, mais bien de quelque chose extérieur à moi. Mon mental était jonché de traumatismes de mort, je relis aussi des rêves d'animaux décédés, je vous épargne un peu, mais sachez-le. Beaucoup de rêves nourris par mes projections mentales, mes peurs, ma mémoire, et ceci, je le sais, je le différencie d'une communication, d'une introduction d'une personne décédée dans mes rêves. C'est complètement différent !

Pas que des rêves magiques et jolis, aussi des rêves d'école où j'enseigne et dans lesquels je replonge dans cette sensation de suffocation, de blocage, d'enchainement !

J'ai toujours voulu apprendre les sorties du corps, j'ai acheté des livres, suivi des cours, etc. Une nuit, mon Oncle José est apparu dans un rêve, m'a serré très fort dans ses bras, la sensation était magique, je croyais m'envoler avec lui… Je lui ai donc demandé s'il était en train de me faire sortir de mon corps, il m'a spontanément répondu : « tu n'en as pas besoin Carole, tes rêves te suffisent ! ». Encore un guidage clair, net et précis.

En tournant les pages de mon cahier de rêves, je me dis que celui-ci me conforte dans l'idée que les esprits de nos proches décédés sont bien là autour de nous !

Nous voilà au 7 janvier 2011 - Sa rassurante présence autour de moi.

Nous sommes chez ma sœur, tu es là, je te serre fort, car je sais que tu vas mourir, ou bien, je sais que tu es déjà mort, je ne sais plus bien. Je te dis que ce serait impossible si tu mourais, que je ne tiendrais pas, je te conseille de faire attention à toi, de faire des prises de sang, tests du cœur... Tu sais que tu vas mourir.

Nous partons tous les deux dans la cuisine chez ma sœur, et je te demande si tu es informé de la date à laquelle je vais devoir attendre pour enfin mourir. Tu me réponds que tu ne peux me dévoiler donc je te dis « C'est parce que je vais mourir vieille ? », « je ne peux rien te dire, Carole, tu verras. » Ton air est celui de quelqu'un qui sait, mais qui ne veut pas me décevoir, donc oui, je vais mourir vieille, je le sens à ton air !

Encore une fois, tu me parles de réincarnation, tu me dis que l'on ne doit pas toujours se réincarner, que l'esprit doit s'améliorer, apprendre de l'autre côté d'abord, de plus, tu me dis que c'est quand on le décide. Tu précises que tu dois atteindre les « Cieux, les demi-Cieux ».

Tu me dis que je suis encore sur Terre pour apprendre, pour faire progresser mon esprit afin de ne pas me réincarner après ma mort.

Enfin, tu soulignes que les sensations de frôlement que j'ai durant la journée parfois, c'est bien toi, sensation d'être touchée même parfois, c'est bien toi. Tu ajoutes que d'ailleurs, chez ma sœur ces derniers jours sur le fauteuil, quand j'ai senti quelque chose me frôler, m'effleurer, c'était bien toi ! Les frissons aussi sur la tête, qui partent du haut pour descendre jusqu'aux pieds, c'est bien toi aussi ! Tu m'as dit aussi : « c'est trop drôle parfois, pour certaines phrases ou pensées, c'est moi qui te les dicte et ça me fait bien rire de faire cela !!! »

Me voilà rassurée, on ne se réincarne que si on le souhaite pour notre esprit. J'aurai une longue vie durant laquelle je dois progresser, mon esprit doit comprendre et se libérer de toutes les souffrances, apprécier le moment présent, atteindre l'illumination, et ce sera mon heure à moi aussi. Il sera là, tout jeune au bout du tunnel et moi toute ridée !

Durant cette longue vie, il me soufflera des phrases dans ma tête, il m'aidera à développer ce qu'il veut que je développe pour m'aider, pour aider les gens en peine, il me soufflera la vérité, il me soufflera ses messages de l'au-delà. Enfin, il le fait déjà, car tout ce chemin déjà effectué l'a été en grande partie avec l'aide de ses guidages.

Le lendemain, projection de mes peurs ou blagues d'Aurélien qui veut me réveiller, me faire réagir, avancer… mais voilà un rêve moins drôle, moins apaisant et me faisant douter de nouveau :

8 janvier

On est à Maricourt, je te redemande si on se retrouvera, et en blaguant j'espère, tu me dis que non! Que je suis trop collante! Je te demande si tu t'ennuies de moi, tu me dis non. Alors je te demande si tu as une autre copine, tu me dis toujours « non ». Tu rigoles, tu as l'air de blaguer, tu n'as pas l'air de t'ennuyer là-bas. Tu me dis ensuite qu'on ne se retrouvera peut être pas si tu souhaites te réincarner, genre « j'fais c'que j'veux, nananère! », mais sur un ton rieur, pour me taquiner, m'énerver, me stresser. Puis tu finis par dire que oui, on se retrouvera!

Ce type de rêve est-il arrivé pour me montrer que rien n'est décidé, tout peut changer, que je ne contrôle rien, que je n'aurai qu'à subir et ne pas me poser trop de questions... Ou simplement, Aurélien s'est-il amusé à me taquiner pour m'aider à me détacher un peu plus de cette idée de retrouvailles?

Beaucoup de rêves similaires reviennent fréquemment : je ne vois plus Aurélien, je me demande où il est, avec une autre fille, ou parti en voyage, disparu dans la forêt, ou chez ses parents de nouveau, des questionnements, du stress, de l'angoisse... des sortes de rêves dévoilant mon incompréhension (consciente ou inconsciente) de sa disparition. Une sensation d'abandon aussi où je peux relire dans mes écrits que je ne comprends pas pourquoi il m'a quitté alors qu'on s'aimait encore. Phase de sevrage encore inachevée, je pense.

Les rêves de célébrations célestes reviennent aussi souvent, jolie expression, à travers laquelle je souhaite dire qu'ils font beaucoup la fiesta là haut! En voici un assez intéressant :

12 janvier 2011

Tu portes ta chemise bleue à carreaux Eden Park, il y a du monde, tout le monde veut danser avec toi, car ils savent que c'est la dernière fois. Nous savons tous que tu es décédé. Tu danses « la Danse des Canards » (j'adore, trop ringard, c'est notre style!), tu tournes bras dessus bras dessous avec Mumu, ta plus grande sœur et son mari. Tu es joyeux, tu danses, tu veux profiter de chaque instant, car tu sais que tu es mort, et que cela est inutile de se soucier de quoi que ce soit. Une insouciance générale incroyable à cette soirée.

15 janvier - L'humour de l'au-delà !

Nous nous rencontrons à une fête de mon village, encore la fête ! Je te demande si c'est réel, tu me dis que oui, tout est bien réel. Tu as ton tee-shirt jaune puma.

Je te demande si tu vois tout ici sur terre et tu me réponds que oui, presque tout. « Je suis souvent avec vous, je peux même voir les gens à poils, il faut que je fasse attention à ne pas le faire souvent ! »

Marie, toi et moi, marchons dans le village, et au niveau de la place, nous voyons des silhouettes, d'ombres, de personnes décédées qui nous jettent des cailloux, tu me dis que tu préfères ne pas voir cela et que tu évites avec la puissance de ton esprit.

... Encore une preuve que la progression, la guérison est comme une montagne russe :

« Même si je sais que tu es souvent là auprès de moi, tu me manques, il va falloir s'y faire, se soumettre, résignation ! Je dois tenir bon pour les autres, que dois-je faire sur cette Terre en attendant de te revoir ? Souffrir autant, pourquoi ? Résister ! Contre quoi ? Quel est le deal ? D'après mes rêves et ce que j'ai lu, là où tu es, tu y es bien, c'est l'extase, c'est Dieu. Il accueille tout le monde apparemment sans distinction entre les suicidés et les morts naturelles... Alors si un jour ne je ne peux plus tenir, puis je mettre fin à mes jours ? Ou bien, un jour peut-être, je n'aurai plus cette intention ? J'espère que la vie n'est qu'une petite parenthèse par rapport à ce qu'on va vivre là-haut ensemble. Garde-moi une place bien au chaud ! »

4 - Fuir ou souffrir

J'ai pensé qu'il était plus sain de partir loin que de se lamenter en Picardie dans ma maison. L'heure n'était plus à la lamentation, je savais que souffrir était un choix désormais, il fallait agir. Agir pour moi, pour les autres, pour mes parents, pour lui là-haut qui faisait tout pour m'aider. La moindre des choses était d'honorer toute cette énergie qu'il déployait pour me booster. Il fallait que j'aille mieux, ma stratégie : faire ce que j'ai toujours voulu, partir loin. Compenser, décompresser, prendre du recul. Sans vouloir me lancer des fleurs, je considère que cela est plutôt un bon instinct de survie de partir, cela signifiait que je vivais encore.

Avant qu'il ne meure, nous parlions de Bali. Nous aurions visité Bali en décembre 2010 s'il n'était pas « mouru » ! Comme quoi, prévoir ne sert à rien ; maintenant je regarde avec beaucoup de distance ces gens qui planifient leurs vacances de l'été suivant ou de dans deux ans...

Ne pas prévoir : première compétence acquise grâce à l'expérience brutale de la mort, de la vie !

Vivre au jour le jour, carpe diem, blablabla… de jolies phrases exposées sur des profils Facebook, des chansons, des poèmes, mais j'ajouterais : « de jolies phrases à mettre en pratique ! ». Inutile de prévoir notre prochain Noël trois mois avant, et nos prochaines vacances en rentrant de nos dernières… encore moins notre retraite, ne prévoyons rien ! Vivons ! Ça m'fait rire, quand j'entends : « ah la la, avec la conjoncture économique, je ne sais pas ce que je vais toucher comme retraite… » pfff ! Connerie ! Foutaise ! On ne sait même pas ce qu'il peut se passer demain ! J'ai bien saisi maintenant !

Bref, tout ça pour dire que je n'ai pas découvert Bali avec Aurélien comme prévu des mois à l'avance, alors je l'ai fait **SEULE** en mars 2011, j'ai décidé de continuer les progrès et de me barrer de cette maison pour un mois à Bali !

Comprendre la vie c'est accepter qu'elle décide quand même… parfois. Nous ne contrôlons rien, alors quelque part, pourquoi stresser ? Puisque tout est prévu !

Billet d'avion, bungalow en pleine campagne à trente mètres d'un temple bouddhiste au nord de Bali.

J'ai mis du temps à choisir la destination, je sentais en moi que Bali m'appelait, mais les dix-huit heures de vol avec escale à Singapour toute seule m'effrayaient. Mon conseiller spirituel m'a redonné confiance et m'a confirmé que Bali m'attendait les bras ouverts.

J'en avais marre aussi de pourrir la vie de mes proches à chialer et il fallait que je parte, qu'ils aient une pause.

Arrivée à Bali, des scooters partout, des Balinais qui prient et mettent des offrandes dans les rues, devant les portes des commerces, je ne comprendrai que plus tard que c'est pour les esprits.

Les Balinais, hindous en majorité, croient qu'ils vivent constamment avec les esprits…riz, fleurs, encens parfument les rues des villes et villages.

Des singes dans les temples hindous, des rizières verdoyantes à perte de vue, des plages avec de grosses vagues, des plats à deux euros, des senteurs, de belles robes de soie… des gens avec un sourire flippant qui mâchent des feuilles et qui ont les dents noires. Des temples à tous les coins de rue, des gens très branchés « prières »…

Et moi, dans tout ça, dans un joli bungalow avec piscine et juste trois autres bungalows, dont seulement un qui est occupé. La tenancière de cet endroit, balinaise, toujours présente.

Un dépaysement complet ! À Bali, j'ai su banaliser la mort… J'en avais rien à foutre de Bali, de ses spécialités culinaires, de leur point rouge (le tilak appelé aussi tika, bindi ou pottu) sur le front qu'ils se font pendant leurs prières, de leurs plages, de la piscine de l'hôtel, rien à foutre, strictement rien ! Ce que je voulais, c'était chercher des réponses en moi, en l'Autre, dans le Temple bouddhiste. Seule leur bière m'intéressait et leurs rituels sur la Mort, c'est tout. Bien sûr, pas de morbidité, mais une envie de comprendre, sinon pourquoi aller à Bali ? Je ne savais pas en m'y rendant, j'ai compris en y étant. J'ai été guidée à Bali, par mon intuition. Là-bas, j'ai vu une multitude de gens très spirituels, des Balinais, des Français hors norme pour moi à l'époque du type hippie, new age.

Un jour, je me suis offert un massage sur une plage, une dame d'une cinquantaine d'années m'a massée une heure pour cinq euros. Pendant le massage, c'est avec un anglais basique que nous avons communiqué. Les questions classiques de la masseuse qui ne voulait pas me laisser apprécier ce moment, en me torturant l'esprit à penser à Aurélien !

Elle entama un discours basique :

- *Vous êtes pour combien de temps à Bali ?*
- *Deux semaines. (à la base il était prévu que je reste deux semaines à Bali)*
- *Vous logez où ?*
- *Dans le nord. Près du temple bouddhiste. (le seul de l'île)*
- *Pas de mari ? Pas d'enfants ? Vous voyagez seule ?*
- *Oui, je voyage seule. Elle me saoulait franchement avec ses questions cette petite dame…*
- *Vous êtes jolie, ce n'est pas normal d'être célibataire à votre âge…*

En moi-même, je pensais : « *Saperlipopette* (pour ne pas dire putain encore une fois) *je vais lui claquer dans les dents qu'il est mort et qu'elle me saoule et que j'ai juste envie de chialer et que son massage j'm'en fous, que je serais mieux avec un Lexomil, une clope et une bière, ce cocktail me relaxe bien !*

Alors je répondis :

- *J'avais un copain depuis sept ans, mais il est mort il y a six mois, il a couru et il est mort, son cœur a lâché* » ; vu mon anglais basique de l'époque, je mimais la scène d'un mec qui court, en tapant sur mon côté gauche, tentant de reproduire la scène d'un cœur qui lâche ! Comme ça elle a bien compris ! Je me dis qu'elle va être surprise et ne pas en croire ses oreilles... Mais non, elle s'en fichait, ce n'était pas anormal pour elle, la mort, ça arrive !

Elle me répondit en souriant :

- *Moi quand je vous masse je pense à mon fils, je regarde l'horizon, et je sais qu'il est là-bas, il est mort à 24 ans il y a trois mois, d'un microbe attrapé à l'hôpital pour une petite opération.* »

C'est sur le ton de quelqu'un qui parle de banalités, du beau temps, de la pluie, qu'elle m'a confié cela.

Je ne vais pas vous faire de dessin, je n'étais pas la seule à avoir morflé, elle aussi elle morfle, elle souffre, mais ça va, elle me masse pour 5 € ! Et en prime elle s'intéresse aux autres, leur procure du bien-être et cherche à se payer à manger en travaillant.

Altruisme, première leçon ! « Intéresse-toi aux autres Carole, pendant ce temps tu penses moins à toi ! Elle n'a pas le temps de souffrir, elle doit gagner sa vie, car elle a d'autres enfants à nourrir, son fils qui est mort s'est passé, aujourd'hui elle a d'autres soucis. Quant à moi, je voyage pour me trouver intérieurement et répondre à des questions... Nos préoccupations sont totalement différentes. Disons qu'il y a pire, je n'étais pas à plaindre. Ici, à Bali, on n'en fait pas tout un plat parce que quelqu'un est mort ! C'est normal de mourir, ce n'est pas un drame !

La mort ne devrait pas être un tabou dans notre société occidentale.

La mort en Europe : on la cache, on la dissimule, on l'évite, on aimerait qu'elle n'existe pas.

J'ai réalisé que dans nos pays dits « développés », nous nous croyons immortels, car « évolués » grâce aux progrès techniques et médicaux. Nous pensons que nous allons tous vivre jusqu'à 82,5 ans ou plus, car c'est l'espérance de vie moyenne annoncée par les médias et les statistiques. Même si cela est vrai, je me demande si ce n'est pas aussi pour nous donner de l'espoir et nous faire travailler plus… eh oui, on considère que l'on a du temps devant nous, car l'espérance de vie est longue, donc travaillons, faisons marcher l'économie, empruntons de l'argent sur 25 ans, restons bien sages à la maison, puisque nous avons la Vie devant nous pour faire ce dont nous rêvons ! En plus, en Occident, même pas peur d'un cancer, on nous dit que c'est guéri en un tour de main ! Ce qui est de plus en plus vrai, en effet. Ceci dit, on ne nous dira jamais, **la Mort peut t'arriver demain**, quand l'on n'a que 20 ans. Encore une fois tout n'est que croyances qui arrangent bien tout le monde au passage… Énorme paradoxe : on adore les informations où presque tout ce qui est annoncé relève de mort : attentats, crimes, j'en passe… On raffole des émissions télévisées parlant de catastrophes naturelles, de rescapés de situations incroyables. On pense toujours « Non, pas nous, pas moi, pas mes proches… » et pourtant, on est bien informés par les médias, le journal local, la radio, que des gens meurent à chaque seconde. Ce que l'on ne nous dit pas c'est que ce phénomène est normal et banal, oui, à chaque seconde, nous pouvons mourir, on ne nous dit pas non plus : « oui c'est vrai mon petit, on peut mourir, mais tu sais, c'est normal ». Non, c'est rare et présenté comme étant extraordinaire et dramatique. C'est un accident et, qui dit « accident », dit « rare », imprévu.

À Bali, mourir n'est pas effroyable et tragique.

Accrochez-vous bien, attention ! Après que la personne meurt priorité à l'âme. Pour que l'âme du défunt soit entièrement libérée, il y a un processus assez strict à respecter : d'abord se déroulent les funérailles où il faut que le corps soit mis en terre, évidemment ils n'ont pas les moyens de pratiquer la thanatopraxie comme nous le faisons en Europe pour dissimuler la réalité de la décomposition naturelle d'un corps. À Bali, il faut parfois très longtemps avant que la famille n'ait assez d'argent pour payer la crémation c'est pourquoi certaines personnes restent en terre plusieurs années. N'oubliez pas que quel que soit le nombre d'années ou de jours, on déterre donc le corps ! Seuls les riches sont incinérés peu de temps après leur décès. Avant l'enterrement, différentes cérémonies ont lieu pour que le corps du défunt soit purifié. Des offrandes et de la nourriture sont également placées à proximité de la tombe.

Cette période qui précède Ngaben (la cérémonie de la crémation) est très mal vécue par la famille, car ils croient que durant cette période, l'âme du défunt est prisonnier et ne peut pas encore aller au ciel.

Plus tard, quand l'âme a, selon les Balinais compris le décès de son ancienne enveloppe charnelle, on déterre le corps et arrive la crémation : le corps est ensuite brulé. Chaque famille balinaise est responsable de ses défunts et doit assumer la crémation de ceux-ci et selon la croyance, s'ils ne le font pas cela risque d'attirer de graves ennuis à eux et au défunt ?

Contrairement à l'enterrement à l'Occidentale, la crémation est une fête où tout le monde est très joyeux puisque l'âme du défunt peut enfin continuer son voyage vers le ciel pour être réincarnée.

La crémation est précédée de nombreux rituels.

Un jour avant les festivités, une cérémonie est tenue là où est enterré le défunt. Tous les balinais, habillés de manière traditionnelle et très élégante viennent apporter des offrandes.

Le jour de Ngaben, les corps sont ensuite placés dans une tour funéraire faite de bois et de bambou. Ces tours sont très souvent étonnantes, car construites par les meilleurs menuisiers et sculpteurs de la région.

Pour finaliser le passage de l'âme dans l'au-delà, nous arrivons à la purification de l'âme. Celle-ci s'effectue en jetant les cendres dans l'eau. Ce n'est que douze jours après la crémation qu'a lieu la purification finale parce qu'elle aussi coûte assez cher et demande pas mal de préparatifs. Lors de cette cérémonie, les cendres du défunt sont placées dans un linge blanc et jaune et transporté au bord de la mer (et si la mer est trop loin le long d'une rivière qui finira par les amener au large).

Lors de la crémation, l'âme du défunt est purifiée par le feu ce qui lui permet de partir ou ciel (où la vie est similaire à celle de Bali sans les problèmes et les maladies), mais le fait de mettre les cendres dans l'eau permet de libérer l'âme complètement de manière à ce qu'elle puisse entrer dans la phase de réincarnation.

Si j'étais née à Bali, on m'aurait appris à aider une âme à faire un voyage, sans même pleurer ou être dans un état de tristesse. Si j'étais née là bas, j'aurais claqué des pétards pour l'enterrement d'Aurélien, j'aurais fêté la délivrance de l'âme. Pourquoi pas ? Pour quoi nous apprendre à souffrir plutôt qu'à rire ?

Nouvelle compétence en cours d'acquisition développée à Bali :

LA MORT C'EST NORMAL, c'est banal, cela arrive à chaque seconde, chaque minute, et tout le monde croit que c'est cruel et injuste, mais tout être vivant meurt non ? Alors, pourquoi ne pas accepter sachant que nous y serons confrontés un jour ou l'autre ?

À Bali, j'ai fait de belles rencontres aussi, de Français en quête de développement spirituel.

D'incroyables guidages m'ont été envoyés. Le matin où j'étais censée repartir en France, j'ai demandé à Bouddha du fond de mes tripes de me guider afin de savoir si je devais revenir en France déjà, après seulement deux semaines. J'étais perdue et indécise. En me rendant au temple bouddhiste, ce matin-là, j'ai croisé Magalie, une Française d'une quarantaine d'années qui ne parlait pas un mot d'anglais. Elle arrivait dans la rue du temple avec son scooter de location et m'a demandé en faisant des gestes, où se trouvait le temple. Je lui ai demandé si elle était française, et nous avons discuté…

Nous avons visité le temple, puis à la fin de cette belle matinée ensemble, elle m'a demandé quand je repartais en France. Mon retour était censé être l'après-midi même ! Or, la connexion entre elle et moi s'est tellement faite avec aisance, que Magalie m'a incitée à rester à Bali et invitée à partager un bout de chemin ensemble ! On allait être complémentaires : elle conduisait un scooter et moi je parlais anglais ! L'heure suivante, j'ai appelé ma compagnie aérienne et changé mon vol pour rester deux semaines de plus. Avec Magalie, j'ai repris confiance, car premièrement, Bouddha avait répondu à ma demande : il me conseillait de rester davantage à Bali.

La rencontre de Magalie a répondu à mes interrogations.

Aussi, avec elle, j'ai appris à voyager au sac à dos, à faire confiance. C'était sa devise : « fais confiance Carole ! Demande, crée ! » Magalie pratiquait le Bouddhisme. Elle était tellement positive, dynamique, et bavarde ! Moi qui avais passé mes deux premières semaines au temple, et dans ma chambre, seule, en essayant de me sevrer doucement de mes médicaments... Je n'écoutais même pas toujours ce qu'elle disait, je pensais à lui. Je voulais parler de lui, mais elle, elle ne le connaissait pas, et là, j'ai vu que ma situation n'intéressait pas les gens extérieurs, mais uniquement les gens ayant vécu « le drame ». Je ne dis pas que Magalie s'en fichait, mais si je parlais d'Aurélien, elle ne savait pas trop quoi répondre...et elle n'était pas aussi concernée, normal me disais-je ! Cela était un très bon exercice pour moi, un bon apprentissage, d'éviter de ne parler que de cela et de voir que chacun a ses problèmes et ses préoccupations encore une fois ! J'apprenais doucement à me décentrer ; à cesser l'auto-préoccupation.

En revenant de Bali, c'était clair, je devais continuer mon évolution spirituelle, apprendre à être heureuse de nouveau. Cela allait passer par quitter la Picardie ! Eh oui, j'ai commencé à penser à louer ma maison.

J'ai d'abord évacué toutes les affaires d'Aurélien par une belle après-midi de printemps, en écoutant des musiques positives et dynamiques. Seule, j'ai ouvert cette armoire où se trouvaient ses affaires. Jeans, chemises, tee-shirts, tout était resté tel quel. Inchangé, un vrai musée. J'ai pris de gros sacs-poubelle, et j'ai trié sans réfléchir. J'ai jeté certaines choses, d'autres, je les ai données à une association caritative. Sans penser aux souvenirs que chaque habit me rappelait. Sans penser que cette belle chemise noire en lin, il aurait pu la remettre, sans penser que nous l'avions achetée en voyage à l'ile Maurice et... sans penser à quel point il était beau dedans ! Sans penser que je ne le reverrai plus jamais dans cette belle chemise en train de vivre, de parler… Sans penser que cet autre tee-shirt un peu délavé et tâché, il le portait tout le temps pour les balades à cheval. Sans penser que ce jean était neuf et qu'il n'avait même pas eu le temps de l'user. Sans penser ! Oui bien sûr que j'ai pensé à tout cela ! Mais très vite, je me reprenais et essayais de contrôler cet esprit nostalgique qui prenait gout à me faire voyager dans le passé. Saisir cet esprit en flagrant délit ! Puis basculer sur la réalité présente sans intellectualiser et revenir dans le passé quand ce n'est pas utile.

Non, le présent était simple, ces objets il n'en avait plus besoin dans son monde. Et il avait bien de la chance !

Chapitre 6

CE CADEAU QU'IL M'A FAIT

1 - La grande découverte

En mai 2011, j'ai décidé de rencontrer cette personne appelée Laila del Monte. Elle avait fait la connexion avec mes juments décédées et reçu en même temps des messages d'Aurélien. J'ai vu qu'elle animait des stages de communication animale et de développement personnel. J'ai découvert des personnes d'un monde encore inconnu pour moi à cette époque. Des gens qui voient plus loin que le bout de leur nez, mais aussi, pour la plupart des gens qui ont souffert. Des gens qui n'ont pas peur d'employer les mots « énergie », « connexion », « créateur », « Au-Delà », « esprit », des gens qui mettent des huiles essentielles sur le corps et qui sentent le hippie et qui se soignent par les méthodes alternatives... Beaucoup de personnes aussi, comme moi. Ne sachant plus où aller. Ne sachant plus que croire, mais ayant trouvé une petite balise sur leur chemin les amenant tous à ce weekend de développement personnel.

Dans ce stage l'animatrice nous apprend à mettre en pratique la loi de l'attraction, ce séminaire est inspiré totalement par le film « Le Secret », qui été d'ailleurs un livre à la base.

Dans ce séminaire, elle permet à chacun de se reconnecter avec lui-même. D'abord, par des exercices très pratiques, on évacue toutes ces couches illusoires qui brouillent notre vision de la réalité : nos peurs, nos colères, nos regrets, nos émotions négatives. Au fil du weekend, elle nous apprend à faire confiance en notre potentiel créateur, à ne pas se victimiser à subir une réalité qui ne nous convient pas. Toujours très pratique et technique, elle nous initie à visualiser et créer ce qui nous rendrait heureux. Des choses encore inconnues pour moi à l'époque. Comprendre que nos pensées créent notre réalité a été une totale révolution intérieure ! Bien plus que comprendre, mais expérimenter cela, le vivre, pouvoir le confirmer est un réel miracle ! Un réel cadeau ! Enfin, je découvre ce que je savais au fond de moi : nous pouvons être libres.

Aurélien m'a apporté ce cadeau magnifique, mes juments aussi : en mourant, elles m'ont balisé ce chemin qui m'amenait vers la compréhension. Au moins, ils ne sont pas morts pour rien ! Un chemin clairement balisé pour m'amener à l'évolution de mon âme. C'est ce qu'ils veulent là-haut, me voir heureuse, comprendre la vie, créer ma vie comme un magicien qui fait apparaître ce qu'il souhaite ! Puis partir, sans obligation de me réincarner. L'évolution de l'esprit est le but unique des bouddhistes.

2 - Les couleurs de l'arc-en-ciel

Depuis son décès, chaque fois que je pensais à lui et que je ressentais l'impulsion d'écouter la radio, j'entendais cette chanson « Over the Rainbow » (Iz, chanteur hawaiien). Après quelques fois, j'ai compris que c'était un signe de sa part. Des frissons envahissaient mon corps et je savais qu'il était là autour de moi.

« Quelque part au-dessus de l'arc-en-ciel
Tout là-haut
Et les rêves dont tu as rêvé
Autrefois dans une berceuse
Quelque part au-dessus de l'arc-en-ciel
Les oiseaux bleus volent
Et les rêves dont tu as rêvé
Ses rêves deviennent vraiment réel Ooh ooooh
Un jour, je souhaiterai sur une étoile,
Et me réveillerai là oui les nuages sont loin derrière moi ee ee
Là où les problèmes fondent telles des gouttes de citron
Bien au-dessus des cheminées, c'est là où tu me trouveras oh
Quelque part au-dessus de l'arc-en-ciel les oiseaux bleus volent
Et les rêves que tu as osé faire, pourquoi, oh pourquoi ne le pourrais-je ?

Et bien, je vois des arbres verts ainsi
que des roses rouges,
Je les observerai fleurir pour toi et moi
Et je pense en moi-même
Quel monde merveilleux !

Et bien, je vois les cieux bleus et les nuages blancs
Et la clarté du jour
J'aime l'obscurité et pense en moi-même

Quel monde merveilleux !
Les couleurs de l'arc-en-ciel, si belles dans le ciel
Sont aussi sur les visages des passants
Je vois des amis qui se serrent la main
Disant : « Comment vas-tu ? »
Ils se disent en réalité, Je Je t'aime
J'entends des bébés pleurer et je les observe grandir,
Ils apprendront tellement plus
Que nous n'en saurons jamais
Et je pense en moi-même
Quel monde merveilleux ! moooonde

Un jour, je souhaiterai sur une étoile,
Et me réveillerai là où les nuages sont loin derrière moi
Là où les problèmes fondent telles des gouttes de citron
Bien au-dessus des cheminées, c'est là où tu me trouveras oh
Oh, quelque part au-dessus de l'arc-en-ciel, tout là-haut
Et les rêves que tu as osé faire, pourquoi, oh pourquoi ne le pourrais-je ?

Je ne savais pas de quel sujet cette chanson traitait…

Je savais juste que cela était une chanson d'un Hawaiien, je voyais le clip parfois qui me donnait envie de partir là-bas. Chaque fois que j'entendais cette chanson, une lueur d'espoir revenait en moi. Cela était pour moi un symbole d'invitation au voyage, à l'exotisme et surtout, chaque fois, je sentais sa présence près de moi. Je le savais !

J'ai suivi souvent les Rainbows : le rainbow festival. Un rassemblement hippie de gens nomades qui parcourent le monde, à échanger sur leurs conceptions de la vie. J'ai été invitée à ce festival par le couple rencontré à Bali. En été 2011, ce Festival se tenait au nord du Portugal pour réunir tous les « hors-normes » d'Europe. C'était mon premier Festival. Je m'y suis rendue avec Coralie, ma cousine. Nous avons campé dans la nature, nous nous sommes lavées dans la rivière avec du savon naturel, dormi dans des Tipies, rencontré des rastas blancs… Tous vivent différemment, tous ont décidé de quitter le mode de vie normé. Pourquoi ai-je été amenée à ce festival ? C'est simple ! Pour me donner confiance, et me montrer que d'autres modes de vie sont possibles, sans travail, sans trop d'argent. Tous vivent de leur créativité : art, énergies guérisseuses telles que le Reiki, Yoga, ou autre… Tous se nourrissent de produits naturels. Certains vivent même nus. D'autres pratiquent le tantra, ou ont des bébés qu'ils appellent les enfants indigos. Ces enfants sont, selon eux, de nouvelles âmes incarnées pour faire élever la vibration de la planète. C'est-à-dire faire évoluer les consciences et les amener à vivre dans le respect de Terre, et surtout reconnectés à leurs capacités spirituelles et intuitives.

Ces gens m'ont chamboulé le cerveau, à moi et à Coralie aussi ! Nous avons eu des discussions sur 2012, la soi-disant « fin du monde » qui ne serait en fait que la fin d'un monde. La fin du monde basé sur l'argent, le matérialisme… D'autres échanges sur les signes astrologiques, la télépathie, l'au-delà, l'hindouisme, la médiation… Certains ressemblaient à des Indiens d'Amérique aussi, et vivaient de la même façon.

Tous ont pour point commun de croire en l'existence d'une force, appelée Univers, qui serait en mesure de répondre à nos demandes, et donc nous permettre de créer.

Encore une fois, j'ai été poussée sur un chemin jonchés de gens très spéciaux, tellement enrichissants. Ce nouveau monde s'ouvrait à moi peu à peu. Le message était clair : il fallait que je sorte des rangs de la société, il fallait que je devienne créatrice de ma vie sans qu'aucune autre influence extérieure ne le fasse pour moi. J'étais devenue une apprentie créatrice ! Une apprentie humaine ! Oui, nous humains avons cette incroyable capacité de créer, mais souvent, nous ne le savons pas, à l'école, on ne nous le dit pas ! Je commençais à intégrer ce qu'ils voulaient de moi, la Team* là-haut ! (*l'équipe)

3 - Larguer les amarres

Pour devenir un être libéré de toutes contraintes, je devais larguer ce qui me pesait le plus : notre maison !

Cela n'a pas été chose facile, mais j'en avais besoin pour être plus légère et commencer à créer cette nouvelle vie !

Rien de bien intéressant : vider la maison, contacter un notaire qui va faire le travail administratif pour moi et surtout s'en occuper pendant que j'allais me CA-SSER loin d'ici ! Bien guidée encore, j'ai trouvé un couple de locataires sérieux ayant des revenus suffisants à m'assurer le loyer chaque mois.

Rien d'autre à signaler ! Une étape brève, vite faite, bien faite !

4 - L'esprit Aloha

J'avais la certitude que je devais partir dans les îles, m'évader. Cela a toujours été mon rêve. Je devais le réaliser puisque je n'avais plus rien à perdre. La Vie me demandait maintenant d'être heureuse et de créer en utilisant ce potentiel découvert il y avait peu de temps ! J'étais prête ! Je n'avais plus peur.

En septembre 2011, un an après le Tsunami de ma vie, commençait la vraie reconstruction. Les gravats avaient été retirés, la plaie désinfectée encore piquante, mais supportable ! Je pouvais désormais partir pour quelques mois, mon amputation commençait à devenir tolérable. J'allais partir voyager en boitant juste un peu. C'était peut-être la phase de rééducation de l'amputée à vif.

Hawaii, les vagues, les volcans, le surf... J'avais entendu parler d'une île de cet archipel appelée Kauai. On m'avait dit que celle-ci était la plus ancienne, et soi-disant l'île du « healing », de la guérison en Anglais. Une île sacrée qui aurait des pouvoirs de guérison grâce à l'énergie qu'elle dégage.

« OK, pourquoi pas y aller ? Une guérison du cœur ne me ferait pas d'mal ! »

C'est alors que, je me suis rendue sur place. Départ de Paris vers San Francisco puis Honolulu et enfin la tant attendue île de Kauai ! J'ai séjourné deux semaines sur l'île d'Oahu, où se trouve Honolulu, capitale de l'état d'Hawaii ! Je me trouvais aux États-Unis, mais rien ne ressemblait aux US mis à part les Fast Foods et grosses bagnoles américaines ! Oahu n'a rien d'exceptionnel ! Je me demandais pourquoi j'avais fait ces vingt-quatre heures de vol !

Arrivée à Kauai, j'ai compris ! Là, c'était exceptionnel ! Moi qui n'avais jamais ressenti qu'un arbre pouvait vivre, ou que les plantes, les pierres, la terre étaient connectées… Enfin ici je pouvais l'expérimenter, le comprendre, le vivre ! Les quatre éléments à Kauai sont magnifiés, présents et surtout vivants. Kauai c'est Avatar ! On a l'impression que les plantes nous regardent, nous englobent et nous chérissent. L'Océan Pacifique là-bas est l'élément qui influence notre humeur. Je le sentais connecté à moi. Vivant plus tout le reste ! En regardant l'horizon, on peut voir souvent les baleines crachant l'air et dégageant un jet d'eau au-dessus de leur tête, moins souvent, des dauphins, faisant des sauts périlleux… si on enfile un masque et un tuba, les tortues sont partout autour de nous, nageant paisiblement avec grâce.

Là-bas, c'est aussi un mode de vie plus qu'au ralenti ! J'avais visité quelques îles auparavant comme la Guadeloupe, la Martinique, l'île Maurice, Marie Galante, la Corse, Bali… Toutes les vies « insulaires » ont pour point commun d'être isolées, retirées et donc de donner cette impression de « ralenti » ; mais tout en ayant quand même une capitale avec les caractéristiques du style de vie continental, rapide, moderne… Mais Kauai, c'est le bouquet ! L'ambiance est plus lente que jamais. Pas de vie nocturne, les gens se couchent tôt, ils sont sains et s'efforcent de bien manger, de ne pas pousser le rythme de travail à plus de trois jours par semaine ! La musique hawaiienne rythmée par le son du Ukulélé s'apparente à des mélodies de berceuses pour enfants.

On peut faire ses courses dans un hypermarché sur un air de Hula ! Autant dire que cela ralentit la cadence du pas des gens. On s'endormirait presque sur le rebord du chariot ! Kauai, c'est le reggae, le cannabis aussi ! Partout à la plage, des voitures sont garées, avec pour passagers des Hawaïens ou Américains, regardant les vagues, attendant le moment propice pour se jeter à l'eau… tout en harmonisant leur vibration à celle de l'océan à l'aide d'un joint.

La marijuana est cultivée sur place, dans cet état des Usa, ce n'est pas légal, mais cela fait partie intégrante de la vie d'une majeure partie des habitants de l'île. Je souligne la présence importante de cannabis dans les mœurs d'Hawaii, sans promouvoir du tout son usage, je pense simplement que cela apporte une touche de lenteur, de je-m'en-foutisme supplémentaire ; crucial pour bien planter le décor ! Ici, on vit un jour à la fois.

Les gens n'aiment pas planifier le lendemain et sont rarement à l'heure, car ils refusent aussi pour la plupart de porter une montre. « Kauai Time » est une expression pour définir leur notion du temps ! Juste « Follow the flow », ce qui signifie « Suis le flux », lâche prise.

Sur cette île, les guidages de l'Univers sont amplifiés. Aussi, il faut dire que les Américains ont cette longueur d'avance sur nous, Français, concernant la « co-création », la visualisation de ce que l'on souhaite… Entourée de gens qui créent leur vie et pour qui, cette pratique est juste quotidienne, j'ai pu apprendre très vite et surtout faire confiance chaque jour davantage en ce pouvoir créateur de mon esprit !

Des Américains émanent de la confiance et de l'estime de soi. Dévaloriser quelqu'un, parler d'un échec possible n'est pas concevable. Dans leur culture, la réussite est une valeur et non pas une honte. Chanter comme une casserole et dire que je vais devenir chanteuse ne choque personne si je suis entourée de Ricains ! Oui, c'est du vécu !

Ils m'ont même encouragée à y croire ! Je ne crois pas pouvoir devenir chanteuse. Encore une question de croyances !

On dit à Kauai, que si l'on s'y rend avec un esprit « Aloha », et qu'on se fond bien dans la « vib' », on se sent attirés et l'envie de rester pour toujours se fait ressentir. On dit aussi que certains se sentent repoussés par l'île, car leur « vib' » est trop basse, trop négative et que de toute façon, soit l'île accepte la personne, soit elle la repousse ! Je suis sûre que cela est vrai ! Certains désertent l'île après trois jours, car une succession d'expériences négatives s'est enchaînée pour eux ; d'autres se sentent appartenir à l'île, et sont irrésistiblement attirés et reviennent encore !

Je fais partie de la deuxième catégorie de personnes ! Je suis allée quatre fois à Kauai en moins de trois ans ! J'ai tout eu là bas ! Tout ce que je voulais !

On m'a offert un hébergement gratuit en échange d'une aide en auberge de jeunesse, un petit job de seulement deux jours par semaine en échange d'une chambre ! J'ai demandé cela à l'Univers, quelques semaines plus tard, j'ai reçu ! Sur cette île, on crée à vitesse grand V ! Monter des « Quarter-Horses » dans un ranch ! Cela était aussi l'une de mes visualisations, quelques semaines plus tard, je me retrouve à débourrer des poulains, à encadrer des groupes de touristes, à faire des randos gratuites sur les plus belles plages du monde dans un ranch américain.

Tous les jours, je visualisais, je demandais à l'Univers... Je recevais toujours et dans des circonstances toujours incroyables et inattendues ! Pour le ranch c'est en me perdant au bout d'un chemin sans issue que j'y ai atterri !

Pour l'auberge de jeunesse, c'est à croire que la manager lisait dans mes pensées, car un beau matin, elle m'a annoncé que je pouvais rester aussi longtemps que je voulais gratuitement, en échange de faire son travail pour deux petites journées !

Plus je recevais, plus je remerciais l'Univers, plus je recevais encore et plus je faisais confiance ! Ce cercle est simplement Vertueux !

Là-bas, j'ai vu pas mal de spécimens intéressants, rien de péjoratif. Faire des soins énergétiques est courant, être végétarien aussi, fumer la ganja, recevoir des messages, avoir des visions, marcher pieds nus dans les rues ou au supermarché. J'ai croisé pas mal de « Jésus-Christ » aussi : des Américains avec de longs cheveux, longue barbe, marchant délicatement, le dos dressé comme s'ils marchaient sur l'eau, les yeux pleins de lumière comme s'ils avaient vu la vierge Marie ! Je ne juge pas, mais cela était bien sûr nouveau pour moi ! Ils sont dans le présent, heureux, en harmonie avec eux-mêmes et la nature. Beaucoup d'entre eux sur cette île aiment méditer.

Un film intitulé « la Plage », avec Léonardo Di Caprio, Virginie Ledoyen, Guillaume Canet, a toujours su représenter pour moi le modèle de vie idéal ! Il s'agit dans ce film, d'une communauté de hippies, vivant sur une île de Thaïlande. Cette île regroupe toutes les qualités d'un petit paradis sur Terre, mais en restant secrète ! Ils y vivent tous comme des Robinson, un mode de vie basé sur l'échange, le partage, une sorte d'éco-vie, respectueuse de l'environnement. Ils s'amusent à longueur de journée, et sont loin, mais alors vraiment loin de la vie agitée de la ville et du continent.

Voilà ce qu'est Kauai pour moi ! Une île secrète où des gens spéciaux vivent et se regroupent !

Sans passer par quatre chemins, pour conclure, à Kauai, j'ai pu expérimenter comme sur un terrain de jeu, d'entrainement, à VISUALISER, à créer ma réalité. Là-bas, il semblerait que la création se fait plus vite qu'ailleurs. Je ne sais pas, tout paraît être interconnecté, mais genre, connexion maximum, celle que le téléphone portable traduit par quatre barres pleines !

Je me suis surprise à demander un avocat, oui, un simple avocat pour le diner, et à me lever le lendemain matin, ouvrir ma porte de chambre et trouver un avocat sur mon pas de porte ! Bon certes, j'avais demandé pour le diner ! Pas le petit déjeuner ! Ceci dit, j'ai demandé et j'ai reçu un avocat ! Je n'ai pas cherché à savoir comment cela avait pu arriver, je commençais peu à peu à m'habituer à recevoir !

J'ai ensuite continué mon voyage initiatique à Tahiti. À Tahiti, tout est bien plus « roots » (racines), les gens sont aussi très connectés à la nature et aux énergies qu'elle dégage. Leur style est juste moins « new age », mais traditionnel ! Pour eux aussi, les rochers, arbres et fleurs ont un esprit. Le Mana est la force vitale des Maoris.

> « *La notion de Mana, fondation de la magie et de la religion, est l'émanation de la puissance spirituelle du groupe et contribue à le rassembler.* »

Wikipedia

J'ai aussi expérimenté là-bas la « co-création ». Je suis partie avec seulement mon sac à dos et mon passeport ! Aucun hébergement réservé sur place, aucun moyen de locomotion. Il m'a suffi de demander et j'ai reçu ! Oui j'ai bien reçu ! Ils m'ont envoyé la patate là-haut ! J'ai été prise en auto-stop par un couple de Tahitiens. En discutant durant le trajet, ils m'ont simplement proposé de passer trois ou quatre jours chez eux. Finalement, j'y suis restée plus de trois semaines ! Poisson cru au lait de coco chaque matin ! Tatouages traditionnels ! J'ai vécu Tahiti ! J'ai mangé Tahiti ! J'ai vécu de belles expériences, de belles rencontres aussi, toujours adaptées à mes besoins, elles ont été fortuites ! Kris, un Français, tatoueur (tradition maorie) ayant perdu sa fille de 7 ans dans un accident de voiture. Un écorché vif lui aussi ! On a pu échanger, parler, s'aider et voir que nos cœurs étaient encore bien arrachés, bien saignants ! Notre point commun était notre choix de thérapie ! Non, nous n'avons pas choisi la voie médicamenteuse, mais la voie voyageuse et joyeuse ! Enfin pas toujours joyeuse, mais on s'y efforçait chaque jour.

Le voyage apporte confiance. Il ouvre à l'autre. Il permet de fuir aussi, je ne vais pas mentir. Le voyage est l'expérience la plus intéressante de la vie à mon goût bien sûr. C'est se déraciner pour laisser toutes les couches de notre éducation, de notre société, pour s'imprégner d'autre chose, pour apprendre à devenir une personne toute neuve. Le voyage enlève les voiles que nous avons devant les yeux, nous pouvons donc déployer nos voiles et sillonner le monde !

Il m'a donné sa vie, il m'a donné son cœur, pour que j'aime la vie. Une sorte de don d'organe !

Il s'est sacrifié pour moi, il m'a offert un éveil spirituel, un éveil qui était vital, une prise conscience cruciale que la vie était belle. Aussi, que tous les rêves étaient réalisables quels qu'ils soient, qu'il suffit de croire, croire en soi, croire en l'existence de cette équipe là-haut.

5 - Effets secondaires

Les réminiscences ! Ces putains de réminiscences avec lesquelles Marcel Proust nous a bassinés en cours de littérature ! Ça y est, je comprends ! J'avais bien compris qu'une madeleine pouvait nous rappeler un moment passé le dimanche matin chez notre tante il y a bien longtemps, n'est-ce pas Monsieur Proust ?

Marcel Proust, je vous respecte, mais j'avoue qu'à 15 ans et demi, je n'avais pas conscience que vos textes étaient si pertinents !

Voilà la conclusion que Marcel effectue, après avoir longuement décrit avec adjectifs, métaphores, description très détaillée d'un moment où il mange une madeleine accompagnée d'un thé, moment anodin, banal, qui lui donne une sensation de joie, de félicité, mais dont il a du mal à définir l'origine. C'est en demandant à son esprit de lui redonner les souvenirs qui se réfèrent à la dégustation de cette madeleine que la mémoire lui est revenue !

« Mais, quand d'un passé ancien rien ne subsiste, après la mort des êtres, après la destruction des choses seules, plus frêles, mais plus vivaces, plus immatérielles, plus persistantes, plus fidèles, l'odeur et la saveur restent encore longtemps, comme des âmes, à se rappeler, à attendre, à espérer, sur la ruine de tout le reste, à porter sans fléchir, sur leur gouttelette presque impalpable, ***l'édifice immense du souvenir.*** *»*

Eh oui, Marcel avait bien raison, les souvenirs restent, ils passent par les sens (surtout l'odorat) pour ressurgir à un moment où l'on ne s'y attend pas !

Août 2013

Me voilà revenue d'un voyage au Portugal, pays que je ne connaissais pas, où j'ai passé de très bons moments avec mon neveu et un ami d'Hawaii.

Des moments nouveaux, frais qui ne me renvoient à aucun souvenir.

De retour en Picardie, chez mes parents, contente au départ, de revoir mes parents, ma sœur et mes deux autres neveux de 5 ans... Et là ! Badaboum ! Une rafale de réminiscences. Je me sentais anormalement énervée sans raison. C'est le principe d'une réminiscence, c'est vague, et c'est traitre pour ma part. J'ai été propulsée à trois ans auparavant où nous allions sur la tombe d'Aurélien, les soirées étaient les mêmes, la lumière du soir était la même, la température aussi, la période est semblable d'un point de vue « perception sensorielle ». Au Portugal, trois jours avant, aucune colère, aucune tristesse, c'est un endroit nouveau, même si l'Automne aussi arrive, pour moi ceci n'a rien à voir avec ce que je connais du début de l'automne en Picardie.

Presque l'Automne, presque cette odeur de feuilles qui tombent, une odeur de prunes mirabelles jaunes sucrées comme du miel, comme quand il est mort... Presque un souvenir de départ douloureux, de mort qui se réveille en moi...

Nous sommes à la fin août, cette ambiance de fin d'été (oui en Picardie l'été commence début juillet pour finir en août !), fraicheur matinale, et brouillard qui se lève en fin de matinée.

Côté souvenirs sensoriels, encore une réminiscence, un peu plus « trash », mais que je pense devoir partager avec vous. J'ai souvent cette odeur de formol qui revient dans mes parois nasales m'envahir les sinus ! Oui ce formol, cette odeur de méthanol, glycol, phénol, éosine… qui brûle et glace les narines, je la retrouve parfois dans des magasins au rayon « produits toxiques ». L'autre fois, chez un ami en Bretagne, dans sa maison secondaire, une peau de vache « ornait » un canapé, cela sentait la même odeur de formol qui me hantait les narines lorsque je rentrais dans la chambre où se trouvait le corps d'Aurélien. Cette odeur me ramène en un instant, en une fraction de seconde à cette scène où j'ouvrais la porte de la chambre funéraire et que chaque jour pendant cinq jours je (re)découvrais son corps joliment allongé sur un lit réfrigéré, avec les mains qui se croisent, un teint blanc, dans sa chemise marron à lignes beiges, un drap recouvrant les jambes jusqu'à la taille et un sourire paisible… et cette odeur de formol ! **Odeur de mort moderne** ! Je me demandais souvent ce que l'odeur serait sans ce formol entêtant !

Moi qui veux effacer ce genre de souvenir, moi qui préfère ignorer ce sujet peu élévateur du corps embaumé… ma mémoire, mon cerveau, lui, il se rappelle, lui, il fait le travail de mémorisation, et IL me ramène avec brutalité, de façon très inattendue à des scènes refoulées par mon esprit !

Après les réminiscences, ou souvenirs sensoriels, il y a également d'autres séquelles, ou je dirais, d'autres traces du passage de la mort dans ma vie, du passage de la souffrance dans la vie.

Bien sûr, la peur de souffrir de nouveau ; à la fois, je sais que face à la mort, je n'ai plus les mêmes réactions qu'il y a trois ans, je sais désormais accepter les départs dans l'au-delà, comprendre, et voir cet autre versant de la mort, cette autre dimension. Je comprends et crois en la loi du karma. Ce que j'ai peine à accepter, ce sont les autres types de départs. Depuis que je voyage, je vois, que les voyageurs types, au sac à dos, savent devenir ton frère ou ta sœur en trois jours de temps, mais savent aussi t'oublier, ils ont su s'adapter à cette vie ou rien n'est fixe, même les amis. La majorité des voyageurs savent le faire dans la sérénité, la paix : ils côtoient, s'amusent, partagent de bons moments, développent une proximité avec leur prochain rencontré sur leur chemin, puis passent à autre chose. Je ne sais que difficilement le faire, je veux garder les gens que j'ai rencontrés pour toujours, dur de laisser partir… Accepter que beaucoup de rencontres ne soient que temporaires et amenées sur notre chemin que pour en partager un petit bout de quelques kilomètres, voilà, une chose que j'avais à travailler dans cette vie. Dans notre société actuelle, on achète, on jette, on consomme des objets, on les garde quand on en a besoin, de même dans les relations humaines ; ici n'est pas le débat, mais voilà, je pense qu'une des traces qu'a laissé la disparition brutale d'Aurélien, est **que je n'ai longtemps pas eu la capacité de laisser partir,** tant j'avais la peur de perdre et de ne plus jamais revoir…

Séquelle ou simple réalisation que la solitude n'est pas une tare ? Désormais, j'aime bien les moments de solitude qui me faisaient si peur auparavant. Mon cœur ne s'est pas fermé, il a juste compris que l'attachement en une personne n'était pas source de bonheur éternel. Ce qui ne veut pas dire que je ne m'attache plus à personne. Je m'efforce juste de ne pas tout miser sur un seul être vivant, je pense que cela est une erreur.

6 - Aparté : Quand il est presque honteux d'aller bien

Trois ans déjà, de travail sur soi à travers des voyages, des rencontres, des choix, une prise de confiance en soi et en mes guides, un guidage, des guidages, un chemin nouveau à suivre.

Il est toujours difficile de revenir en Picardie, et de croiser sur un marché, une ancienne collègue, qui n'a pas la délicatesse de me demander comment je me porte, comment ma vie se reconstruit peu à peu… ou toute autre question gentille et porteuse d'intérêt envers mon bien-être. Non, en France, aller mieux est une tare, aller bien, voyager, essayer d'être heureuse, de reprendre confiance en la Vie, tout cela est mal vu ; cela est vu avec mépris. La réussite matérielle aussi est source de jalousie entre les humains.

La réussite est synonyme de jalousie, de bâtons dans les roues, de médisances d'esprits affamés, tous affamés par les critiques, par les personnes souffrantes, par la négativité. Il vaut mieux faire pitié qu'envie et non l'inverse, pourtant, j'ai dû mal comprendre, un proverbe français dit « il vaut mieux faire envie que pitié », et bien non, il ne faut pas Messieurs-Dames ! Restez des victimes, restez des perdants, des loosers, ça plaît, déprimés avec des cernes, sous antidépresseurs, au moins, ils savent de quoi parler et ont pitié. La pitié, avoir cette impression de compatir à la faiblesse d'autrui, et donc se sentir supérieur… (Ne pas confondre avec la compassion !)

... Sans même se demander si cela est facile de surmonter des mois de dépression, des tas de décisions cruciales, qui vont du choix d'un cercueil, au choix de mes futurs locataires, en passant par le choix d'une destination pour se barrer... des moments de solitudes infernaux, des soirées d'angoisses, ou même des mois d'angoisse ! Choisir entre vivre, se tuer, la manière de se tuer, accident simulé ou clairement voulu ! NON ! Cela est trop dans cette belle fratrie d'humains ! Non, il est préférable de souligner que j'ai la belle vie à voyager et que ce sujet fait polémique chez les instits. Oui, préférable d'entasser la personne en pleine progression, dont la reconstruction est fragile. Ce genre d'expériences me gêne encore, j'ai encore des progrès à faire pour vraiment être apte à ne pas être touchée par les remarques des autres.

Intouchable, je le suis davantage qu'auparavant, je ne pense pas que cela m'ait touchée, mais vous m'direz que... si je l'écris, c'est bien parce que cela me touche ! Alors, OK, ça me touche. J'admets.

L'année dernière, alors que je faisais mes courses, une ancienne collègue (une autre encore) m'a demandé brièvement de mes nouvelles. Elle s'est ensuite empressée de souligner que lors de repas entre professeurs des écoles, certains n'hésitaient pas à dire que ma vie était sympathique et que même si j'avais perdu ma MOITIÉ (merde quoi ma moitié ce n'est pas mon cochon d'Inde ou... mon poste dans une école !!), je n'avais pas à me plaindre, et qu'en d'autres termes, je ne me souciais guère du reste, du travail. Oui le travail ! C'est tellement crucial.

Ce que j'aimerais leur dire c'est ça : « À tous les frustrés de ne pas avoir perdu leur conjoint ou leur moitié pour avoir une excuse valable pour changer de vie, j'ai envie dire que votre vie, vous pouvez la changer, l'améliorer même sans le décès de votre mari. **Soyez moins bête que**

moi, et vivez les choses tant que vous êtes encore ensemble. Vous aurez peut-être moins de force que moi, moins de rage, car quand on a tout perdu, c'est tellement génial de se retrouver sans rien, à genoux, dans le chaos, amputée vivante, c'est bien connu tout ce qui ne tue pas rend plus fort. »

Je n'ai pas de haine, mais de la colère, ça va, je suis assez forte désormais pour entendre les stupidités sorties sous l'effet de la jalousie ; mais la colère oui, de voir que la compassion (non pas la pitié oh non pitié ! je n'aime pas ça), la compréhension, le soutien n'existent que dans de très rares âmes.

7 - Résurrection.

Après trois années d'errance, de « reconstruction » (ça fait très maçon cette expression, très Portugal, le pays de la construction ! oh là, j'm'emballe avec mes blagues sur les Portougais !), de recherche de soi-même encore en cours...

En ce début de mois d'octobre 2013, trois ans après sa mort, je me trouve au Portugal en train d'acheter un appartement, encore guidée jusque-là par une intuition, un hasard contrôlé par mes guides, la Vie. Eh oui, cet été 2013, alors que j'errais en Europe avec un ami et mon neveu, en road-trip, j'ai demandé à ma mère si elle avait une idée de ce que je pourrais faire pour combler ce trou de juillet-août... Ma maman m'a donné exactement deux numéros de téléphone à contacter au Portugal... Tiens, je ne connaissais pas, ce pays est réputé pour ne pas être cher en ce moment, si j'allais y louer un appart' ? Let's go !

Nous partîmes donc pour deux jours de route direction le Portugal ! Un seul des deux numéros de téléphone s'est avéré concluant. L'un d'entre eux ne répondait jamais, le deuxième, oui ; une dame appelée Maria (comme 87 % des Portugaises !) accepte donc de me louer son appartement pour deux semaines à un prix très intéressant ! Arrivés là-bas, rien d'extraordinaire au premier abord, des immeubles types cités, en haut d'une colline, je commençais à regretter d'avoir loué cet endroit... Une fois en haut des deux étages, Maria nous ouvrit une porte qui était celle de l'appartement, et là, surprise ! Un superbe appart' spacieux, comme neuf, avec une vue incroyablement panoramique sur l'océan Atlantique, lumineuse et bluffante ! Après avoir fait l'état des lieux, Maria me dit que cet appart sera à vendre bientôt. En moi-même, je me suis dit que le prix devait être au-delà de mes moyens, et que je ne devrais même pas y penser ! Nous avons passé de bonnes vacances dans un appartement très agréable. Durant le séjour, cela m'intriguait de savoir le prix, quelque chose me disait que je me plairais là dedans, et que le prix serait peut-être abordable. J'ai demandé des signes de là-haut pour que l'on me dise si oui ou non c'est une bonne chose d'investir au Portougal ! Résultat : le lendemain sur un parking de supermarché, un franco-portugais me parle pendant deux heures des investissements immobiliers au Portugal, que cela vaut la peine et que je ne prends pas de risque majeur à faire cela ! Il en est à son huitième appart' acheté dans ce pays et pas de problème à noter, c'est le moment ou jamais selon lui... La réponse a été donnée par mes guides à ma question « faut-il acheter au Portugal ? »

À la fin des vacances, Maria m'annonce le prix ! Et là ! Signe ! C'est pile l'argent dont je peux disposer ! Ni un euro de plus, ni un euro de moins !

Une étape importante et très (in)attendue de ma reconstruction : retrouver une place dans ce monde, dans ce chaos ! Ça y est ! Plus besoin de squatter chez ma sœur, mes parents, mon amie de Narbonne, ma cousine, mon amie de La Rochelle, ou voire même, de dormir à l'arrière de ma voiture pendant que je sillonnais les routes de France comme une zonarde ! J'ai un nouveau chez moi, neutre ! Un pays nouveau, des gens nouveaux, une langue nouvelle ! De la fraîcheur ! Fini l'errance ! Fini les tentatives d'essayer de boucher des trous dans ma vie, à se demander où je vais squatter ces prochains mois ! Ma bulle rien qu'à moi ! Je suis prête à me retrouver avec moi-même, la nouvelle moi, avec des caractéristiques encore de l'ancienne bien sûr, mais plus légère !

La trouvaille de ce petit appartement coquet est évidemment symbole d'une vie nouvelle, comme je vous l'ai dit au début du récit, 1983, naissance physique, 2003, découverte de mon âme jumelle renaissance, 2013, encore une nouvelle naissance, à 30 ans il ne serait pas trop tôt !

Ce lieu saura m'accueillir lorsque j'en aurai besoin, lorsque squatter a atteint ses limites. Enfin aussi je n'ai plus besoin de compter sur les autres pour cet aspect de l'hébergement ! Finie l'errance, bonjour la morue !

Quand un couple néo-hippie rencontré à Bali m'a dit en 2011, six mois après la mort de mon Aurélien, que, un jour, je remercierai l'univers pour ce qu'il m'a envoyé comme épreuve ; je n'avais qu'une envie en les voyant : leur claquer une bonne baffe en plein visage et les quitter sur-le-champ ! Aujourd'hui, même si régulièrement Aurélien me manque pour ce qu'il était, pour sa sagesse toujours apte à m'aimer sans me juger, pour l'épaule qui permettait de me soutenir, pour son oreille qui était une des seules à comprendre la complexité de mon esprit, pour l'attention, l'intérêt que nous avions l'un pour l'autre, pour la joie qu'il dégageait, pour l'Amour qu'il m'envoyait chaque jour… Je peux maintenant remercier l'univers et je n'ai plus envie de baffer Dieu(x), l'Univers, je n'ai plus envie de dire que la vie est une pute ! Je n'ai désormais plus besoin d'Aurélien, car enfin, j'ai presque toutes ces capacités en moi, je me suffis à moi même.

La vie est ce qu'elle est, elle nous donne ce que l'on doit recevoir pour notre évolution, même les épreuves. Cette expérience m'aura appris à avoir confiance, à avancer seule, à essayer de ne pas dépendre de l'autre.

Je sais que mon chemin de vie doit être apprécié à chaque seconde, je sais que je dois aimer la vie et je l'aime la plupart du temps. J'ai encore des progrès à faire niveau mental, prise de tête comme on dit… Je ne subis pas ma vie, je la choisis, je sais que je vivrai vieille et cela ne me pose plus de problème ; surtout que, il y a trois nuits (novembre 2013) Aurélien m'a dit dans un rêve que de toute façon ça ira vite… que toute vie qu'elle soit longue ou courte, n'est qu'un grain de sable à l'échelle de ce qui nous attend, à l'échelle de l'éternité. Je préfère savoir cela, franchement, je ne vais pas mentir, je ne pourrais pas attendre un temps interminable pour le rejoindre, même si ce ne doit pas être le but de cette vie et qu'il est préférable d'être heureux. Cependant si je veux être heureuse, c'est pour moi, c'est pour eux (ou Lui si c'est Dieu) là-haut qui nous envoient sur terre pour apprécier la vie, la Terre comme un terrain de jeu, comme un enfant qui découvre la vie. J'avoue une chose si je veux apprendre à être heureuse, c'est aussi pour que ça passe vite… Bien sûr, être heureux permet de découvrir le monde sous un autre angle, l'angle de l'émerveillement. Mais voilà, ma moitié, j'ai hâte de la revoir dans cette autre dimension ; hâte de le sentir, de le serrer et de découvrir ce nouveau monde ensemble ! Je sais qu'il me dirait « sois heureuse et c'est tout ! », je ne devrais pas penser aux retrouvailles, honnêteté oblige, j'vous l'dis : la vie m'éclate, elle est belle, elle est merveilleuse, parfois moins, mais mon grand voyage est quand même dans un coin de ma tête !

Aurélien m'observe évoluer, m'aide dans ce processus long d'évolution de ma conscience. Peut-être ai-je à atteindre ce même degré d'évolution afin que l'on soit dans la même dimension après ? En tout cas, il est là, il m'observe, communique parfois quand nécessaire, mais pas « à outrance* » (*c'est son expression qui me vient tiens donc !) me guide en me laissant un libre arbitre… et qui sait, il m'attend peut être avec impatience, peut être pas… en tout cas, sachez que le prochain Tsunami, ce sera quand on se retrouvera, la terre tremblera ! Sachez-le ! (ça, c'était la première fin de mon récit ! Une fin qui parle de retrouvailles, de futur donc !).

Comme quoi tout est en évolution perpétuelle, et parfois rapide même, je vais me permettre de changer un détail de la fin !

8 - « Aimer la vie et l'aimer même si…

… Le temps est assassin », mais heureusement, le temps guérit, apaise aussi.*

(*Renaud Séchan, Mistral Gagnant)

Rectification pour cette fin de récit : nous voilà en mars 2014, alors que je me relis, je viens de voir encore que j'ai évolué ! Je dis plus haut que je veux être heureuse pour que la vie passe plus vite et pour arriver, je cite « au bouquet final » des retrouvailles. Cela n'est déjà plus vrai aujourd'hui. **J'aime la vie parce que j'aime la vie,** je ne me dis plus qu'elle doit passer vite ! Elle passe désormais trop vite à mon gout ! Je ne me soucie même plus de le retrouver ou non, je sais que cela se fera, mais ce n'est plus une priorité.

Cette évolution est infinie et je ne sais pas où elle va me mener, mais c'est une spirale vertueuse, la Vie ! Je l'aime, je lui fais confiance et je sais qu'elle m'aime aussi ! Je me suis réconciliée avec elle. Je n'ai pas fini mon évolution, je ne suis qu'au commencement !

2015 : j'entretiens une relation avec quelqu'un depuis un an. Je suis encore très méfiante face aux sentiments amoureux, je sais que ça peut piquer très fort.

Il s'appelle Gabriel, comme l'ange, il a su essayer de guérir mon cœur sans le brusquer, enfin presque.

Bon, il a fallu le freiner, le petit ! Il n'avait pas cette réticence lui, mais toute la fougue d'un jeunot de 28 ans prêt à se lancer tête baissée... pas dans un marathon, non... dans notre relation ! Aimer sans être dans la dépendance que l'attachement crée : compétence acquise !

Gabriel a la peau noire, il est originaire d'Afrique et il sait interpréter les rêves, la tradition ancestrale lui a été transmise par sa grand-mère de 120 ans. Chaque jour, je lui raconte mes rêves.

Novembre 2015 - Rêve Bonus

Dans un rêve, Aurélien m'est apparu, il pleurait, me serrait dans ses bras, et pleurait encore. Je lui ai demandé ce qu'il se passait, il ne pouvait rien me dire d'autre que : « je dois revenir sur Terre, je ne suis pas bien, je dois redescendre ». Je lui ai donc répondu : « Mais tu es mort, tu ne peux pas revenir, tu ne peux pas revivre »,

Je pensais en rêve, qu'il ressuscitait, je ne fais pas encore de rêves lucides malheureusement ! Je ne comprenais pas pourquoi il pleurait tant ! Je me sentais embarrassée, je ne pouvais pas l'aider, et je me demandais comment j'allais gérer son retour (vivant) sur Terre avec mon conjoint Gabriel !

Oui, c'était insensé ! Bon, toujours est-il qu'à mon lever, j'étais très mal, tête lourde, un peu contrariée de ne pas comprendre pourquoi il était si triste. Alors j'ai téléphoné à Gabriel, que je surnomme l'marabout, en 3 secondes, il me dit que cela annonce, selon les Guinéens, que quelque chose de grave va se passer dans l'entourage de la personne décédée qui pleure.

Quelques jours passèrent, puis en consultant mon Facebook, je vois une publication d'un petit fils du Papa d'Aurélien qui fait hommage au décès de ce dernier. *« Bon voyage mon pépère, aujourd'hui je n'ai plus de père et sache que je ne t'oublierais jamais, les derniers instants ont été rudes…* » C'est là que j'ai réagi en me disant « Incroyable ! Mon rêve était donc bien le symbole d'une perte future dans la famille d'Aurélien. Gabriel avait raison, ce rêve annonçait quelque chose.

Bluffée. Toujours bluffée.

… Merci à toi, qui m'a soufflé dans un rêve d'avril 2015, que tu ne quitterais pas la Terre tant que "ton" livre ne serait pas publié, comme tu l'as bien dit, Ton livre.

Remerciements

Merci à toi, Djibril* d'être arrivé sur mon chemin.

C'est bien grâce à toi que je me suis arrêtée aux Editions Bussière, par cette journée chaude de septembre à Paris où je voulais retrouver l'air de ma campagne, où je me disais que, de toute façon, une maison d'éditions de plus ou de moins cela ne changerait rien...

Mais surtout, avec toi, Djibril, j'ai rouvert mon cœur, très doucement pour savourer un amour différent, un amour de ceux qui ont trente ans, de ceux qui ne veulent plus s'emballer, de ceux qui ont morflé, de ceux qui ne veulent plus se ramasser.

Un amour pesé au début, dosé, mesuré.

Aujourd'hui, j'ai enfin accepté, je ne lutte plus contre, j'accepte d'aimer une autre personne.

Je n'ai plus peur, sauf... quand tu cours :) ! (humour)

Juillet 2016 : Dans un rêve, je vois Aurélien, je sais qu'il est mort, je cours vers lui, heureuse de le revoir, il me repousse, me tourne la tête vers Djibril, et me dis : "Regarde ce que tu as, vis sans te préoccuper de moi". Il semble manifestement vouloir que je lui lâche les baskets !

* Djibril est la version arabe du prénom Gabriel , "L'ange Gabriel»'serviteur de Dieu », .

LE PLUS BEAU CADEAU QU'IL M'AIT FAIT

Table des matières

Dépôt légal : août 2016 N° imprimeur : 081655388

Imprimé en France par Présence Graphique - Monts